Britta Schipperges

Fördermaterialien Dyskalkulie

Übungsaufgaben

für die Sek. I

Verlag an der Ruhr

Impressum

Titel
Besondere Schüler – Was tun?
Fördermaterialien Dyskalkulie
Übungsaufgaben für die Sek. I

Autorin
Britta Schipperges

Umschlagmotive und Kapiteldeckblätter
Zahlen: © bittedankeschön – stock.adobe.com; Lupe: © Musicman80 – stock.adobe.com; Papierriss: © ESB Professional – Shutterstock.com

Illustrationen
Post-It Kopfzeile, Icons Infoblatt, Übungsblatt, Lösungsblatt, Spielkarten: © Verlag an der Ruhr; ansonsten siehe Copyrighthinweise

Lektorat
Dr. Anja Steinhauer

Druck
Heenemann GmbH & Co. KG, Berlin, DE

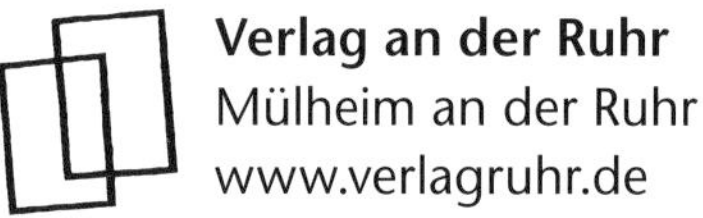

Verlag an der Ruhr
Mülheim an der Ruhr
www.verlagruhr.de

Geeignet für die Klassen 5–10

ISBN 978-3-8346-3059-9

Inhaltsverzeichnis

Inhaltsverzeichnis

Vorwort

Liebe Leser*,

Sie als Lehrer der weiterführenden Schulen stehen vor einer großen Herausforderung: Schüler mit völlig **unterschiedlichen Lernvoraussetzungen** sollen und müssen einen Schulabschluss schaffen und gut auf ihr späteres Leben vorbereitet werden. Für viele Lehrer der allgemeinbildenden Schulen stellt sich die Frage, wie sie besonderen Schülern, z. B. solchen mit einer **Rechenschwäche** oder anderen schulischen Entwicklungsstörungen, gerecht werden können und gleichzeitig auch allen übrigen Schülern der Klasse oder Lerngruppe einen adäquaten Unterricht bieten können.

Der Ratgeber „**Dyskalkulie in der Sek. I**" (s. u.) bietet Ihnen bei Bedarf theoretische Hintergrundinformationen rund um das Thema Dyskalkulie. Sie erhalten dort Informationen zu den Hintergründen einer Rechenschwäche, zur Diagnostik und der Zusammenarbeit mit Eltern und Fachkollegen. Die Möglichkeiten der schulischen und außerschulischen Förderung werden ebenso in den Blick genommen wie der Weg, der nach Beendigung der Schullaufbahn eingeschlagen werden kann.

Passend dazu erhalten Sie mit diesen **Fördermaterialien** Kopiervorlagen und Anleitungen, die Ihnen eine **schnelle und praxisorientierte Förderung im Fach- oder Förderunterricht** ermöglichen sollen. Der Ratgeber und das Fördermaterial ergänzen sich also wechselseitig, können aber auch unabhängig voneinander eingesetzt werden.

Die Materialien werden den Ansprüchen der Schüler sowohl in ihren inhaltlichen Aspekten als auch in ihrer äußeren Form gerecht, indem sie auf zu viele Bilder sowie zu viele unterschiedliche Schriftarten verzichten und übersichtlich gegliedert sind. Speziell auf die Bedürfnisse der Schüler der **Sekundarstufe** zugeschnitten, trainieren die Fördereinheiten genau die Bereiche, die für diese Altersklassen relevant sind: Schüler der Sekundarstufe sind keine Zielgruppe mehr für eine Frühförderung zur Entwicklung des Zahlen- oder Mengenbegriffs, vielmehr brauchen sie **konkrete Übungen**, die ihnen dabei helfen, trotz ihrer Schwierigkeiten im Rechnen den **Anschluss nicht zu verpassen** und einen Schulabschluss zu erreichen. Genau dafür können Sie ihnen durch diese Materialien das nötige Handwerkszeug mitgeben. So sind Ihre Schüler trotz Rechenschwäche gut gerüstet, um die **Schule erfolgreich abzuschließen** und danach eine **Berufsausbildung oder ein Studium zu beginnen.**

Viel Erfolg beim Einsatz der Materialien wünscht Ihnen Britta Schipperges

Besondere Schüler – Was tun?
Dyskalkulie in der Sek. I
Diagnose, Handlungsstrategien und Förderung
Britta Schipperges
ISBN 978-3-8346-3058-2

* Aus Gründen der besseren Lesbarkeit haben wir in diesem Buch durchgehend die männliche Form verwendet. Natürlich sind damit auch immer Frauen und Mädchen gemeint, also Lehrerinnen, Schülerinnen etc.

Einleitung

Viele Lehrer setzen neben den üblichen Lehrwerken noch zusätzliche Materialien ein, um Unterrichtsinhalte zu vertiefen und einzuüben. Dennoch scheint es in fast jeder Klasse oder Lerngruppe Schüler zu geben, die sich trotz mehrfachen und wiederholten Übens eines bestimmten Themas (z. B. Bruchrechnen) diesen Inhalt einfach nicht merken können und ihn erst recht nicht umsetzen können.
Dieses Phänomen, das so manchen Lehrer vor schwere Geduldsproben stellt, ist durch verschiedene Aspekte bedingt, anhand derer sich **bestimmte Förderbereiche** ableiten lassen. Diese Bereiche sind in der Regel die folgenden:

Bereiche der Förderung von Schülern mit Rechenschwierigkeiten

- Vorstellungsfähigkeit und Wahrnehmung
- Gedächtnisleistungen
- Motivation
- Inhalte des Lehrplans auch vergangener Schuljahre
- Verbindung von Rechenoperationen mit Alltagshandlungen

Die Materialien dieses Buches wurden bewusst so konzipiert, dass sie diese Förderbereiche mit den Lehrplaninhalten des Faches Mathematik verbinden, um Ihnen als Fachlehrer eine sinnvolle Anwendung im praktischen Unterrichtsgeschehen zu ermöglichen.
Für **Schüler** mit Rechenschwierigkeiten ist es dabei wichtig, dass Materialien langsam und gründlich eingeführt werden und eine gewisse Einheitlichkeit in der Anschauung bieten.
Ein zu häufiger Wechsel von Themenschwerpunkten und erst recht die unterschiedliche Darbietung von Lösungswegen (in der Schule, in der Nachhilfe, zu Hause) verwirren Schüler mit Rechenschwierigkeiten und führen nicht selten zu Konflikten. Nicht nur in solchen Fällen ist eine Zusammenarbeit mit den **Eltern** der betroffenen Schüler sehr hilfreich – soweit die Eltern auch dazu bereit sind. Hier können wichtige Absprachen getroffen werden, um zu gewährleisten, dass z. B. die Hausaufgaben regelmäßig gemacht werden, Rückmeldungen gegeben und auch angenommen werden, wenn in der Schule oder zu Hause etwas nicht so gut verstanden wurde, etc. In solchen Gesprächen können Lehrer und Eltern sich u. a. auch darauf einigen, nur noch einen bestimmten Lösungsweg für den Schüler zu erklären.

Sollten Elterngespräche zwischen Lehrern und Eltern stattfinden (z. B. im Rahmen eines Elternsprechtages), gibt es einige Punkte, die Lehrer zur Sprache bringen und mit dem Hinweis auf eine gute Erziehungsberatungsstelle, den schulpsychologischen Dienst oder ähnliche Institutionen verbinden können:

Tipps für Elterngespräche

- Hinweise auf beobachtete Ängste bei Schülern
- Ansprechen von übertriebenen Leistungserwartungen der Eltern (falls vorhanden)
- Aufbau von Selbstwertgefühl beim Schüler
- Hinweise oder Anleitungen zum Umgang mit Hausaufgaben
- Erklären bestimmter Übungsmaterialien oder Lösungswege und damit Einbinden der Eltern in die Förderung des Schülers

Eine hilfreiche Checkliste für solche Elterngespräche finden Sie in dem im Vorwort genannten Ratgeber „Dyskalkulie in der Sek. I". Wenn es um die Feststellung und Therapie einer Rechenschwäche geht, sind Lehrer ohnehin auf die Zusammenarbeit mit den Eltern angewiesen. Wie genau eine solche Zusammenarbeit abläuft, hängt oft von den Erwartungshaltungen der Eltern an ihr Kind ab und auch von der Bereitschaft, sich therapeutischen Maßnahmen zu öffnen. Lehrer können in diesem Bereich Wege aufzeigen, werden aber unter Umständen mit der schulischen Förderung des Schülers im Unterricht auch oft allein bleiben.

Einleitung

Dieses Buch möchte Ihnen nun **praxisorientierte Materialien** an die Hand geben, die Inhalte aus der Therapie der Rechenschwäche mit der Unterrichtspraxis der Sekundarstufe I verbinden.
In **drei Kapiteln**, die die oben genannten Förderbereiche zum Teil zusammenfassend abdecken, erhalten Sie so die Möglichkeit, die **Vorstellungs- und Wahrnehmungsfähigkeiten und die Gedächtnisleistungen** Ihrer Schüler zu trainieren, die **Motivation der Jugendlichen** und den Zusammenhalt in der Klasse zu stärken sowie **basale Fähigkeiten des Rechnens und Unterrichtsinhalte** zu vertiefen, um Ihre Schüler optimal auf den Übergang ins Berufsleben vorzubereiten.

Zum Umgang mit diesem Buch

Dieses Buch soll Ihnen eine unkomplizierte Unterrichts- oder Förderstundenvorbereitung ermöglichen. Zu diesem Zweck finden Sie zu Beginn jedes Kapitels jeweils zunächst eine **Einführung**, in der kurz erläutert wird, was diesen speziellen Bereich der schulischen Dyskalkulie-Förderung ausmacht und welche Art von Übungen folgt. Daran schließen sich die **konkreten Fördereinheiten** an, deren Bestandteile Ihnen im Folgenden erläutert werden.

- **Lehrerhinweise** – diese liefern Ihnen alle nötigen Informationen über die nachfolgende Übung/das nachfolgende Spiel. Sie sollen als Einführung für die Übungen und Spiele dienen und Ihnen die Unterrichtsvorbereitung erleichtern. Neben Angaben zu dem benötigten **Material** und der ungefähren **Dauer**, die natürlich stark von der jeweiligen Lerngruppe abhängig ist, finden Sie die Formulierung des **Ziels**, welches mit der Übung/dem Spiel erreicht werden soll. In der Regel eignen sich die Übungen und Spiele für Schüler ab zehn Jahren. Die Lehrerhinweise sind dabei immer als Anregungen zu verstehen, die auch verändert werden können. Wann und in welcher Gruppe Sie welche Übungen in welcher Sozialform durchführen, entscheiden Sie am besten selbst – denn Sie kennen Ihre Lerngruppe am besten.
In einigen Fällen gelten die Lehrerhinweise für mehrere Übungen (z. B. bei der Zahlenkette). Hier finden Sie dann direkt im Anschluss alle zugehörigen Materialien.

Einleitung

- **Infoblätter** ! – sie erläutern schülergerecht die Thematik und geben den Jugendlichen Hilfestellungen, z. B. in Form von Rechentipps. Diese sollen der Einführung oder Wiederholung eines Themas dienen und können als Kopien an die Schüler verteilt und besprochen werden. Wann und in welcher Schülergruppe Sie diese Blätter einsetzen, können Sie als Lehrkraft am besten selbst entscheiden.
- **Übungsblätter** – diese bieten ganz konkrete Übungen, die als Kopien ausgeteilt werden. Mit ihnen können die Schüler z. B. Rechenregeln selbstständig trainieren und festigen. Die meisten Übungen können in beliebiger Gruppengröße und Zusammensetzung der Lerngruppe durchgeführt werden.
- **Lösungsblätter** – diese Blätter gibt es passend zu jedem Übungsblatt. Sie ermöglichen nach dem Bearbeiten der Aufgaben eine Selbstkontrolle. Dafür können sie für jeden Schüler kopiert werden, denkbar ist aber auch, das Lösungsblatt (bzw. je nach Gruppengröße mehrere Lösungsblätter) an einem Ort im Klassenraum zu platzieren, der für jeden Schüler frei zugänglich ist. So kann jeder in seinem Tempo die Aufgaben bearbeiten, danach aufstehen und seine Lösung mit der Lösung auf dem Lösungsblatt abgleichen. Natürlich ist es auch möglich, dass die Schüler sich in Partnerarbeit gegenseitig korrigieren oder unter Zuhilfenahme der Infoblätter versuchen, die bearbeiteten Aufgaben zu überprüfen. Bei einigen Übungen bietet sich auch das Besprechen mit der ganzen Klasse an.
- Einige Übungen finden in Form von **Spielen** statt. Dafür finden Sie als Material **Spielkarten** . Planen Sie bei diesen Übungen zusätzlich Zeit ein, da die Spielkarten vor dem ersten Gebrauch zunächst noch ausgeschnitten werden müssen. Um länger Freude am Material zu haben, bietet es sich an, dieses zu laminieren. So können Sie regelmäßig auf das Material zurückgreifen.

Da Sie die angebotenen Fördermaterialien individuell auf den Lernstand Ihrer Lerngruppe zugeschnitten einsetzen können und sollen, habe ich **auf die Angabe von Altersgruppen** bei den einzelnen Übungen **bewusst verzichtet**. Wenn nicht anders angegeben, können die Übungen außerdem mit **Gruppen in beliebiger Größe** ausgeführt werden. Hier können Sie frei entscheiden, mit welcher Gruppengröße und welcher Gruppenzusammensetzung eine Übung sinnvoll ist.

Über die Autorin

Britta Schipperges

… Jahrgang 1976, arbeitet nach einigen Jahren als Lehrerin und parallel weitergeführten Studien und Ausbildungen (Lerntherapie, LRS und Dyskalkulie) inzwischen ausschließlich als Lerntherapeutin in ihrer Lernpraxis. Behandelt werden dort Lernschwächen und Motivationsprobleme. Mithilfe von Diagnose und Förderplänen erhält jeder Klient ganz individuell so viel Hilfe wie nötig, z. B. in Form von Trainingseinheiten zur Behandlung von LRS, Dyskalkulie und Aufmerksamkeitsdefiziten. Mit ihnen wird u. a. die Selbstorganisation verbessert.

1 Vorstellungsfähigkeit und räumliche Wahrnehmung, Gedächtnis und Konzentration

Einführung

Mit den Fördereinheiten in diesem Kapitel soll die Fähigkeit der Schüler, innere Vorstellungsbilder entwickeln und abzuspeichern zu können, trainiert werden. Dazu müssen einige grundlegende Wahrnehmungsfähigkeiten gefördert werden, in denen Schüler mit Rechenschwierigkeiten oft Probleme haben:

Wahrnehmungsbereiche

- Figur-Grund-Unterscheidung
- Rechts-links-Koordination
- Raum-Lage-Beziehungen
- Wahrnehmungskonstanz
- Visuomotorik

Diese Bereiche sollten allerdings schon in den Vor- und Grundschulzeiten ausgebildet werden, sodass eine intensive und ausschließliche Förderung dieser Bereiche für Schüler der Sekundarstufe I zur Besserung von Rechenschwierigkeiten nur wenig vielversprechend ist. Eine **ergänzende Förderung dieser Bereiche** ist allerdings durchaus sinnvoll. Die folgenden Materialien lassen sich zu diesem Zweck zu Beginn einer Förderstunde (als „Warm-up") einsetzen oder auch als auflockerndes Element zwischendurch.

Neben den Wahrnehmungsbereichen sollten auch die **Konzentrations- und Merkfähigkeit** im Allgemeinen trainiert werden. Es ist für Schüler mit und ohne Rechenschwäche eine enorme Hilfe, wenn sie das Einmaleins einfach auswendig gelernt haben. Gerade bei älteren Schülern ist es oft schwer oder auch vergebens, tatsächlich grundlegende mathematische Kompetenzen zu erarbeiten. Aber mithilfe eines guten Arbeitsgedächtnisses kann so manche Rechenaufgabe gespeichert und bei Bedarf abgerufen werden.

Ergänzend zu den grundlegenden Gedächtnis- und Konzentrationsübungen auf den folgenden Seiten werden Ihnen daher in Kapitel 3 („Rechnen konkret") Übungen angeboten, um mathematische Grundfertigkeiten, wie das Einmaleins, zu trainieren.
In diesem Kapitel geht es nun um die **Verknüpfung von Körper und Geist, von Bewegung, Koordination und Konzentration**. Diesen Aspekten kommt in der modernen Zeit eine besondere Bedeutung zu. Der Bewegungsspielraum und der körperliche Erfahrungsradius der Kinder von heute sind oft eingeschränkt. Freizeitgestaltung findet immer häufiger in Kombination mit Medien statt. Das Gehirn muss aber lebenslang aktiviert werden. Das Zusammenspiel der Gehirnhälften bei der Koordination von Bewegungen und auch beim Lösen von kognitiven Herausforderungen sollte also unbedingt regelmäßig trainiert werden, damit Lernerfolge erreicht werden können. Denn nur mit allen Sinnen kann der Mensch auch bewusst und erfolgreich etwas „wahrnehmen", also sehen, verarbeiten und wahrhaftig „sinnvoll" lösen. Das folgende Schaubild gibt (grob vereinfacht) die Bereiche wieder, die beim Lösen von Aufgaben aktiv werden müssen.

Einführung

Verarbeitungsprozesse

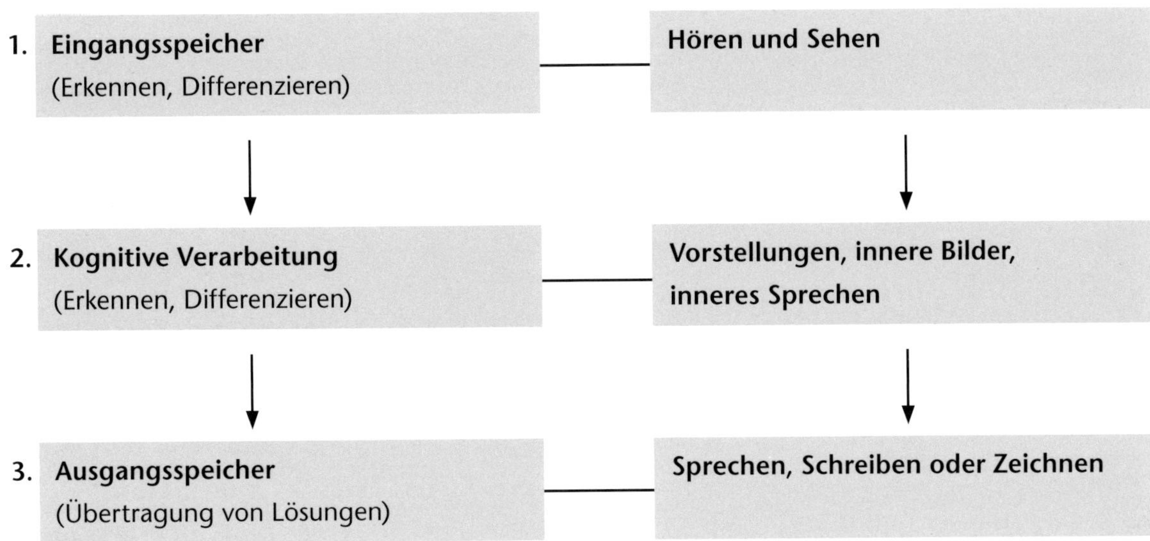

Aus diesem Schaubild lässt sich entnehmen, an wie vielen Dingen **Informationsverarbeitung** scheitern kann, aber nicht muss: Seh- oder Hörschwächen, Fantasie, Kreativität, Wortschatz, motorische Fähigkeiten. Fast jeder von uns hat seine Stärken und Schwächen in dem einen oder anderen Bereich.

Die folgenden Übungsvorschläge und Materialien können auch Schülern ohne Rechenschwierigkeiten Spaß machen und lassen sich fast immer **sowohl für eine kleine Lerngruppe mit Rechenschwierigkeiten als auch für die ganze Klasse** durchführen. Hier bleibt es Ihnen überlassen, die Situation in der Klasse richtig einzuschätzen.

Die Förderung der in diesem Kapitel behandelten Bereiche kann allein noch keine Rechenschwäche beheben oder lindern, sondern nur **unterstützend** wirken. Daher nimmt dieser Förderbereich einen eher kleinen Teil in diesem Materialband ein.

Es kann der Hinweis hilfreich sein, dass man auch Schwierigkeiten mit der Rechts-links-Koordination haben kann, obwohl man in Mathematik ein guter Schüler ist. Die Förderung von Motivation und sozialem Umgang miteinander ist jedoch grundsätzlich ein eigener Förderbereich. Übungen, die speziell auf ein besseres Miteinander in der Klasse abzielen, finden sich in Kapitel 2.

Rechts-links-Koordination

Zählen und Rechnen mit Hemisphären

Anmerkung

Das Spiel wird in zwei Varianten angeboten: In der ersten Variante wird das Zählen in Verbindung mit bestimmten Bewegungen zur Förderung der Rechts-links-Koordination trainiert, in der zweiten Variante dienen einige Einmaleins-Aufgaben in Verbindung mit bestimmten Bewegungen dem gleichen Zweck. Die zweite Variante ist eher für fortgeschrittene Gruppen geeignet.

Material

pro Schüler eine Kopie des **Übungsblattes „Zählen mit Hemisphären"** (S. 13) bzw. **„Rechnen mit Hemisphären"** (S. 14), ein Stift – alternativ eine Kopie auf Folie mit OHP und Folienstift

Dauer

ca. 5 Minuten

Ziel

- Zahlen 1–20 oder das „Kleine Einmaleins" wiederholen
- Koordination der beiden Gehirnhälften (Hemisphären) trainieren (Rechts-links-Koordination)

Vorbereitung

Das entsprechende Übungsblatt wird für jeden Schüler kopiert und ausgeteilt oder (empfohlen) auf Folie gezogen und der ganzen Gruppe präsentiert.

So geht's

1. Die Schüler (und der Lehrer) lesen einzeln und der Reihe nach eine Zahl bzw. eine Aufgabe vom Übungsblatt vor (die Aufgabe muss auch gerechnet werden) und heben dabei gemäß Anleitung die entsprechende Hand.
2. Es darf erst in der Reihe weitergezählt werden, wenn alle die richtige Bewegung ausgeführt haben bzw. die Aufgabe richtig gerechnet wurde.

Zählen mit Hemisphären

Rechts-links-Koordination

Aufgabe

Lies Zahl für Zahl laut vor und hebe dabei jeweils die angegebene Hand:

L = linke Hand; **R** = rechte Hand; **B** = beide Hände

1	**2**	**3**	**4**	**5**
L	**L**	**B**	**R**	**L**
6	**7**	**8**	**9**	**10**
R	**B**	**L**	**R**	**R**
11	**12**	**13**	**14**	**15**
L	**R**	**L**	**B**	**L**
16	**17**	**18**	**19**	**20**
R	**L**	**L**	**R**	**B**

Rechnen mit Hemisphären

Rechts-links-Koordination

Aufgabe

Lies nacheinander jede Aufgabe vor, löse sie im Kopf und hebe dabei jeweils die angegebene Hand:

L = linke Hand; **R** = rechte Hand; **B** = beide Hände

2 • 2 4 • 5 3 • 8 5 • 7 2 • 5

L R L B R

3 • 5 8 • 4 2 • 9 7 • 6 4 • 4

R L R L R

9 • 9 1 • 4 5 • 5 6 • 4 8 • 7

R B R L L

6 • 6 8 • 6 3 • 2 9 • 5 3 • 9

B R B L R

Schau genau!

Anmerkung

Das Spiel wird in zwei Varianten angeboten: In der ersten Variante geht es in erster Linie um die Konzentration und die Zahlenwahrnehmung, in der zweiten Variante muss zusätzlich auch gerechnet werden. Die zweite Variante ist daher eher für Schüler geeignet, die weniger Probleme mit der Konzentration haben bzw. schon relativ fit im Kopfrechnen sind. Der Lehrer entscheidet, ob er die Übung mit oder ohne Zeitvorgabe anbieten möchte. Als Zeitvorgabe für die erste Variante sind drei bis fünf Minuten realistisch, für die zweite Variante fünf bis zehn Minuten. Hier erfordert es etwas Fingerspitzengefühl in der richtigen Einschätzung der Lerngruppe. Es sollte auf jeden Fall vermieden werden, den Schülern zu viel Druck zu machen.

Material

pro Schüler eine Kopie des **Übungsblattes „Schau genau!"** (je nach gewünschter Variante – siehe oben stehende Anmerkung – entweder obere oder untere Hälfte von S. 16), ein Stift – alternativ eine Kopie auf Folie mit OHP und Folienstift

Dauer

10–15 Minuten

Ziel

Konzentration und einfache Rechenaufgaben im Zahlenraum bis 100 trainieren

Vorbereitung

Das entsprechende **Übungsblatt** wird für jeden Schüler kopiert (ausgeschnitten oder abgeknickt) und ausgeteilt.

So geht's

1. Jeder Schüler hat das Übungsblatt vor sich.
2. Die Schüler erhalten eventuell eine Zeitvorgabe und sollen in Variante 1 nun zählen, wie oft die am Anfang der Zeile fett gedruckte Zahl in der entsprechenden Zeile vorkommt, und die Anzahl am Ende der Zeile notieren. In Variante 2 sollen die fett gedruckten Zahlen zusammengezählt und das Ergebnis am Ende der Zeile notiert werden.
3. Am Ende vergleichen alle Schüler mithilfe des **Lösungsblattes „Schau genau!"** (S. 17) die Ergebnisse.
4. Als spielerischer Wettbewerb kann am Ende ein Sieger gekürt werden: Wer war am schnellsten fertig? Wer hat die meisten richtigen Ergebnisse? Das bietet sich allerdings nur bei relativ selbstsicheren Schülern an.

Schau genau! – Variante 1

Wahrnehmung und Konzentration im Rechenraum bis 100

Aufgabe

Sieh dir die fett gedruckte Zahl am Anfang jeder Reihe an und präge sie dir ein. Suche die jeweilige Zahl in der folgenden Zahlenreihe nur mit den Augen, also ohne sie zu markieren. Zähle, wie oft du die Zahl in der Reihe findest, und notiere die Anzahl am Ende der Reihe. Fahre so fort, bis du alle Reihen bearbeitet hast.

2 8301026310858372909747878071228554 78 ....

4 494691011057668291465897910947172758 ....

12 447048362912465930123658938126482912 ....

24 265701909463822417573906241946589824 ....

356 189377563561279879735619856127853562 ....

999 281999138573376998174651867599912374 ....

1245 561887451245128986214512378641245786 ....

Schau genau! – Variante 2

Wahrnehmung und Konzentration im Rechenraum bis 100

Aufgabe

Zähle in jeder Reihe ohne Hilfsmittel die fett gedruckten Zahlen zusammen und notiere am Ende der Reihe dein Ergebnis.

561**9**88645279**0**16467028465**4**2107346891364678**1**60 ....

56891376**5**639635241988766675144**2**61963**7**2134621 ....

5631928562**9**9174561940371545**27**128567289**13**7467 ....

1**23**895629019**0**7465286758**2**90975626**7**8292999**3**846 ....

4**4**638679**8**1**2**848947**61**6146656**1**75419**3**5678164**2**999 ....

167**38**195637**22**894291856473 9**18**37647876**13**982657 ....

45**13**966381974**5**288**12**53396761928657**8**7361928**4**65 ....

21767861**2**9674**8**4972745 6**1**9845**18**974690**12**95637**8**6 ....

Schau genau! – Variante 1

Wahrnehmung und Konzentration im Rechenraum bis 100

Aufgabe

Sieh dir die fett gedruckte Zahl am Anfang jeder Reihe an und präge sie dir ein. Suche die jeweilige Zahl in der folgenden Zahlenreihe nur mit den Augen, also ohne sie zu markieren. Zähle, wie oft du die Zahl in der Reihe findest, und notiere die Anzahl am Ende der Reihe. Fahre so fort, bis du alle Reihen bearbeitet hast.

2 83010**2**631085837**2**909747878071**22**855478 .... 4 ....

4 **4**9**4**69101105766829 1**4**658979109**4**7172758 .... 4 ....

12 4470483629**12**465930**12**3658938**12**64829**12** .... 4 ....

24 26570190946382**24**17573906**24**19465898**24** .... 3 ....

356 18937756**356**12798797**356**1985612785**356**2 .... 3 ....

999 281**999**1385733769981746518675**99**912374 .... 2 ....

1245 56188745**1245**128986214512378641**245**786 .... 2 ....

Schau genau! – Variante 2

Wahrnehmung und Konzentration im Rechenraum bis 100

Aufgabe

Zähle in jeder Reihe ohne Hilfsmittel die fett gedruckten Zahlen zusammen und notiere am Ende der Reihe dein Ergebnis.

561**9**88645279**0**16467028465**4**2107346891364678**1**60 .... 14 ....

56891376**5**6396352419887666751 44**2**61963**7**2134621 .... 19 ....

5631928562**9**9174561940371545**27**128567289**13**7467 .... 49 ....

1**23**895629019**0**7465286758**2**9097562 6**7**8292999**3**846 .... 35 ....

4**4**6386 79**8**1**2**848947**61**6146656**1**75419**3**5678164**2**999 .... 81 ....

167**38**195637**22**89429185647 39**18**37647876**13**982657 .... 91 ....

45**13**96638197 4**5**288**12**533967619286 57**8**7361928**4**65 .... 42 ....

2176786**12**9674**8**49727456**1**98451 **18**97469 0**12**95637**8**6 .... 80 ....

© Verlag an der Ruhr | Autorin: Britta Schipperges
Abb. Kopfzeile: © Verlag an der Ruhr | ISBN 978-3-8346-3059-9 | www.verlagruhr.de

Fördermaterialien **Dyskalkulie** 17

Augen zählen! (1/2)

Anmerkung

Das Spiel wird in zwei Varianten angeboten: In der ersten Variante geht es in erster Linie um die Konzentration und die Zahlenwahrnehmung sowie um Aufgaben aus dem Einmaleins, in der zweiten Variante muss zusätzlich addiert werden.

Material

Spielwürfel in unterschiedlichen Größen und Farben (mindestens 20 Stück, empfohlen 25–30 Stück), ein Würfelbecher (nach Belieben)

Dauer

10–15 Minuten

Teilnehmerzahl

4–6 Schüler

Ziel

Konzentration, Wahrnehmung, Zählen, Einmaleins und Addition trainieren (je nach gewählter Variante)

Vorbereitung

Die Schülergruppe findet sich an einem Tisch zusammen. Jeder Schüler sollte freien, unverstellten Blick auf die Tischfläche haben. Der Lehrer ist der Spielleiter und hält die Würfel in den Händen oder in einem Würfelbecher bereit.

So geht's

1. Der Lehrer achtet auf eine ruhige Atmosphäre und erklärt das Spiel: Die Schüler sollen ohne Zuhilfenahme der Hände, nur mit den Augen, die Anzahl bestimmter oben liegender, sichtbarer Würfelaugen nach seinen Vorgaben zählen, also entweder alle gleichen Würfe (Einser, Zweier, Dreier, Vierer ...) oder die Summe der Augenzahlen. Wer meint, er kennt die Antwort, ruft „Stopp!" und darf nach Aufforderung durch den Lehrer sein Ergebnis nennen.
2. Nun geht es los: Der Lehrer wirft die Würfel auf den Tisch und sagt an: „Wie viele Einser (Zweier, Dreier, Vierer ...) zählt ihr?" Die Schüler zählen leise für sich. Das Ergebnis wird gemeinsam kontrolliert.
3. Als spielerischer Wettbewerb kann am Ende ein Sieger gekürt werden: Wer war am schnellsten fertig? Wer hat die meisten richtigen Ergebnisse? Dafür wird eine Strichliste angelegt, auf der hinter den Namen der Schüler jeweils die Anzahl der richtigen/schnellsten Antworten festgehalten werden. Dies bietet sich allerdings nur bei relativ selbstsicheren Schülern an.

Augen zählen! (2/2)

Varianten

Variante 1: Wenn die Anzahl einer bestimmten Augenzahl (z. B. fünf Sechser) ermittelt wurde, kann der Lehrer daraus eine Einmaleins-Aufgabe machen: „Wie viel ergibt 5 • 6?"
Für die schnellste richtige Antwort kann wieder ein Strich vergeben werden.

Variante 2: Am Ende des Spiels kann noch der „Würfelkönig" gekrönt werden: Wer schafft es, ohne die Würfel zu berühren oder zu verschieben, alle Augenzahlen zusammenzuzählen? Das Ergebnis wird am Ende durch gemeinsames Zusammenzählen der Würfel ermittelt.
Diese Variante ist sehr herausfordernd und manchmal hat niemand in der Gruppe das richtige Ergebnis genannt. In diesen Fällen hat derjenige gewonnen, der möglichst nahe am richtigen Ergebnis gelegen hat.

Die Zahlenkette

Material pro Schüler eine Kopie des **Übungsblattes „Die Zahlenkette"** (Variante 1 auf S. 21 oder Variante 2 auf S. 23) und ein Buntstift in beliebiger, gut zu erkennender Farbe

Dauer 10–15 Minuten

Ziel Konzentration, Wahrnehmung und einfache Additionsaufgaben trainieren

Vorbereitung Das entsprechende Übungsblatt (je nach gewünschter Variante, s. u.) wird in Gruppenstärke kopiert und pro Schüler wird ein Blatt ausgeteilt.

So geht's

1. Jeder Schüler hat das Übungsblatt vor sich.
2. Die Schüler sollen in der Zahlenkette immer hintereinanderstehende Zahlen markieren (umkreisen), die zusammengerechnet eine bestimmte Zahl ergeben.
3. Am Ende vergleichen alle Schüler mithilfe des **Lösungsblattes „Die Zahlenkette"** (S. 22 bzw. 24) die Ergebnisse.

Varianten Variante 1: Für jüngere oder sehr rechenschwache Schüler soll immer eine Zahlengruppe mit dem Ergebnis 18 eingekreist werden (Übungsblatt auf S. 21).

Variante 2: Ältere oder rechenstärkere Schüler können Zahlengruppen mit dem Ergebnis 27 suchen und einkreisen (Übungsblatt auf S. 23). Bei dieser Variante ist der Hinweis wichtig, dass die Zahlengruppen einander auch überlappen können!

Die Zahlenkette – Variante 1

Wahrnehmung und einfache Additionsaufgaben

Aufgabe
In dieser Zahlenkette haben sich sieben Zahlengruppen versteckt, in denen die hintereinanderstehenden Zahlen zusammengerechnet 18 ergeben. Finde sie und kreise sie ein!

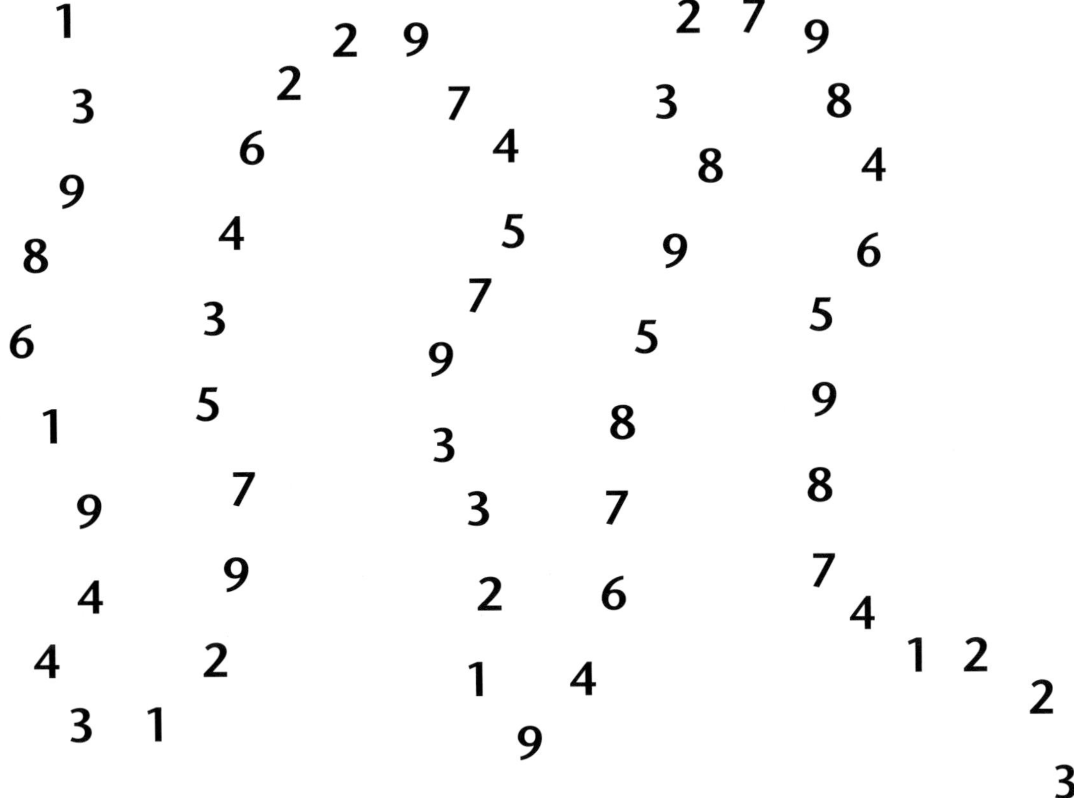

Die Zahlenkette – Variante 1

Wahrnehmung und einfache Additionsaufgaben

Aufgabe

In dieser Zahlenkette haben sich sieben Zahlengruppen versteckt, in denen die hintereinanderstehenden Zahlen zusammengerechnet 18 ergeben. Finde sie und kreise sie ein!

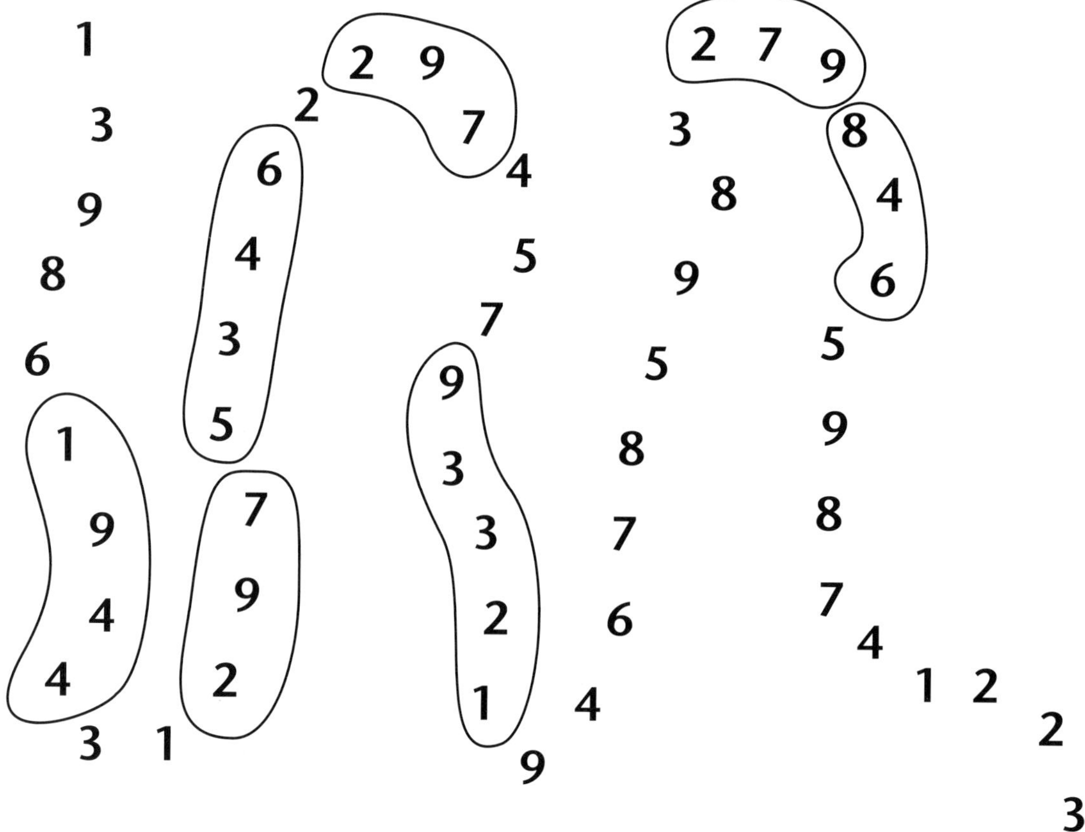

Abb. Kopfzeile: © Verlag an der Ruhr | ISBN 978-3-8346-3059-9 | www.verlagruhr.de

Die Zahlenkette – Variante 2

Wahrnehmung und einfache Additionsaufgaben

Aufgabe
In dieser Zahlenkette haben sich neun Zahlengruppen versteckt, in denen die direkt hintereinanderstehenden Zahlen zusammengerechnet 27 ergeben. Finde sie und kreise sie ein! Achtung: Es sind Überschneidungen möglich!

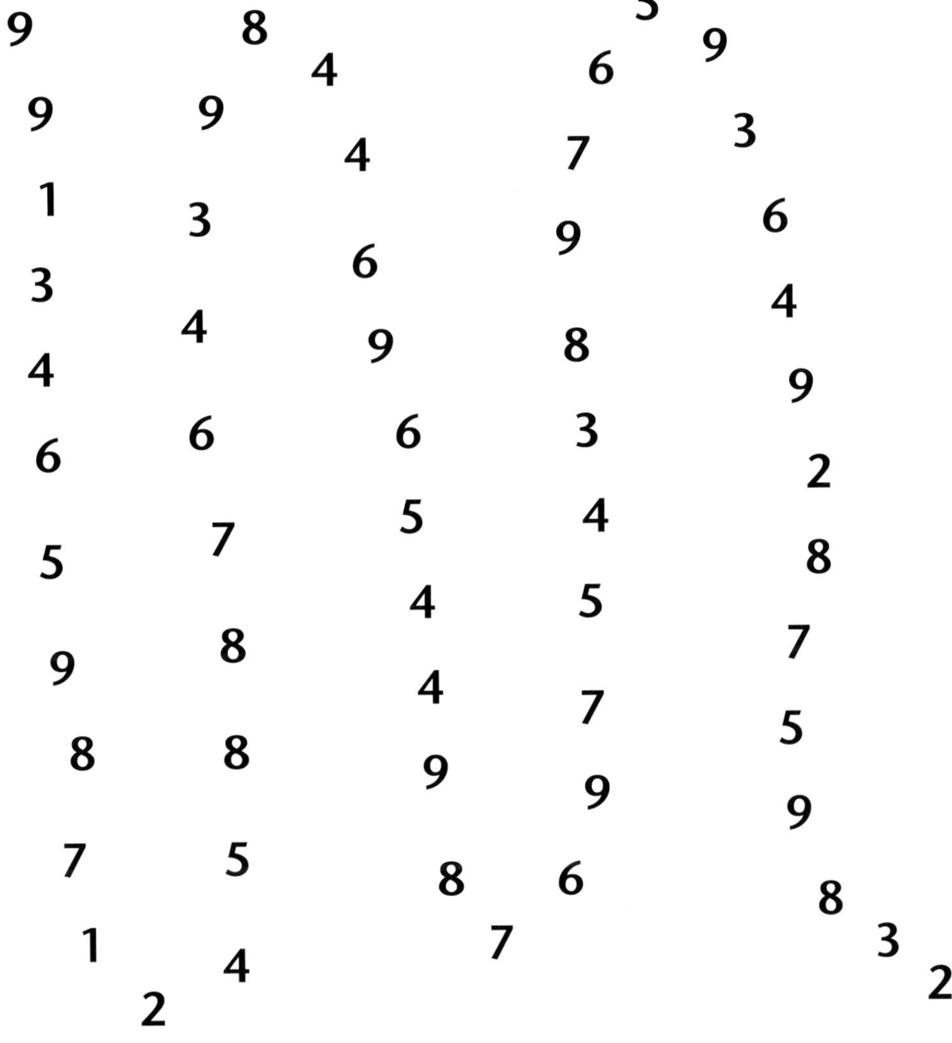

Die Zahlenkette – Variante 2

Wahrnehmung und einfache Additionsaufgaben

Aufgabe

In dieser Zahlenkette haben sich neun Zahlengruppen versteckt, in denen die direkt hintereinanderstehenden Zahlen zusammengerechnet 27 ergeben. Finde sie und kreise sie ein! Achtung: Es sind Überschneidungen möglich!

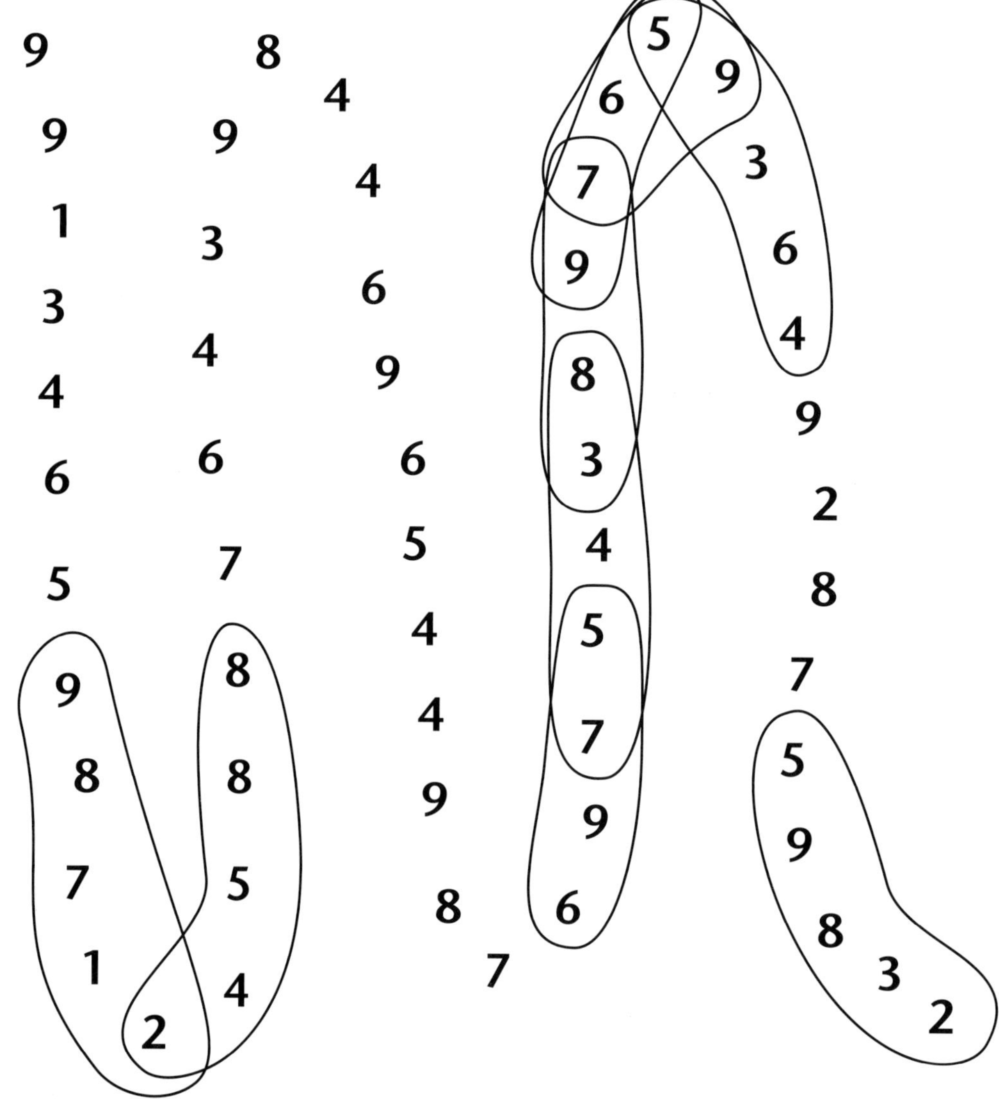

Verflixte Formen

Material pro Schüler eine Kopie des **Übungsblattes „Verflixte Formen"** (S. 26) sowie fünf Buntstifte in unterschiedlichen, gut zu erkennenden Farben

Dauer 10–15 Minuten

Ziel Konzentration, Wahrnehmung und Figur-Grund-Unterscheidung trainieren

Vorbereitung Das Übungsblatt wird in Gruppenstärke kopiert und pro Schüler wird ein Blatt ausgeteilt.

So geht's

1. Jeder Schüler hat das Übungsblatt vor sich.
2. Die Schüler malen in Einzelarbeit die verschiedenen geometrischen Figuren mit unterschiedlichen Farben aus und zählen, wie oft sie jeweils vorkommen.
3. Am Ende vergleichen alle Schüler mithilfe des **Lösungsblattes „Verflixte Formen"** (S. 27) die Ergebnisse.

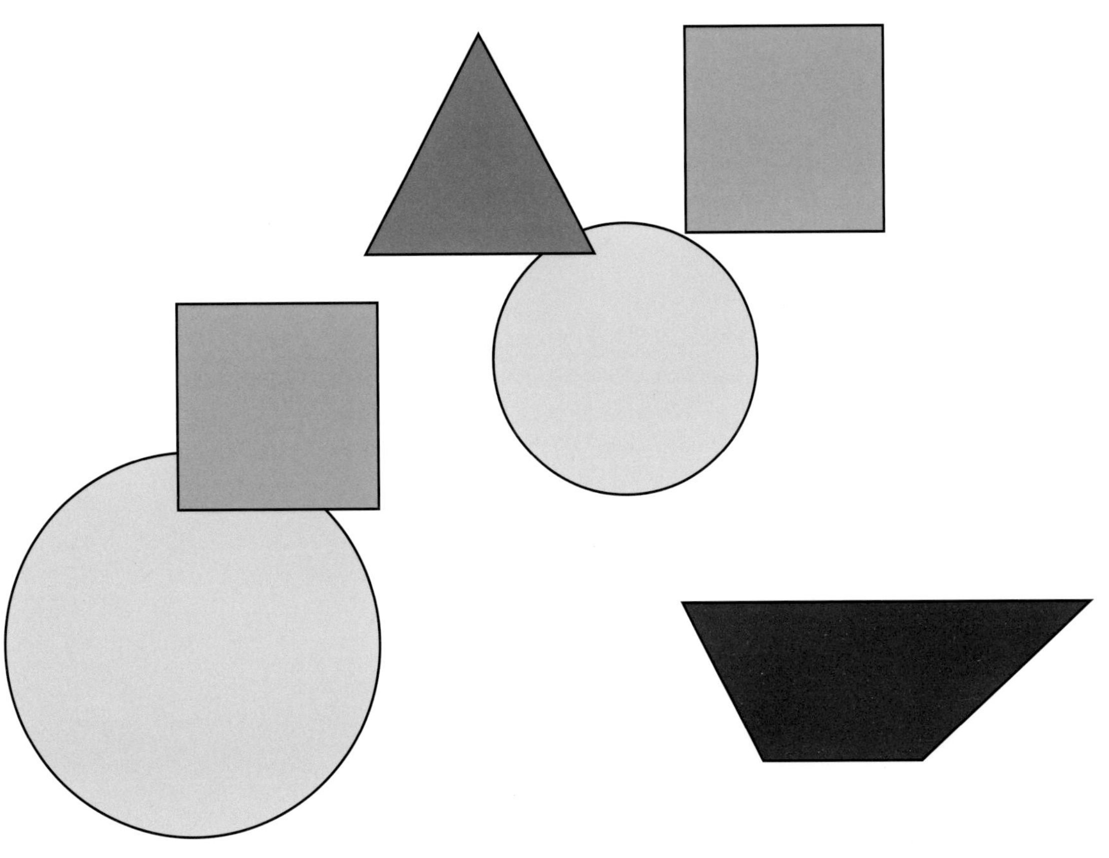

Verflixte Formen

Figur-Grund-Unterscheidung

Aufgabe

Finde in diesem Wimmelbild alle Quadrate, Dreiecke, Kreise, Trapeze und Rechtecke. Male sie in jeweils gleicher Farbe aus und notiere unten, wie viele von ihnen du jeweils gefunden hast.

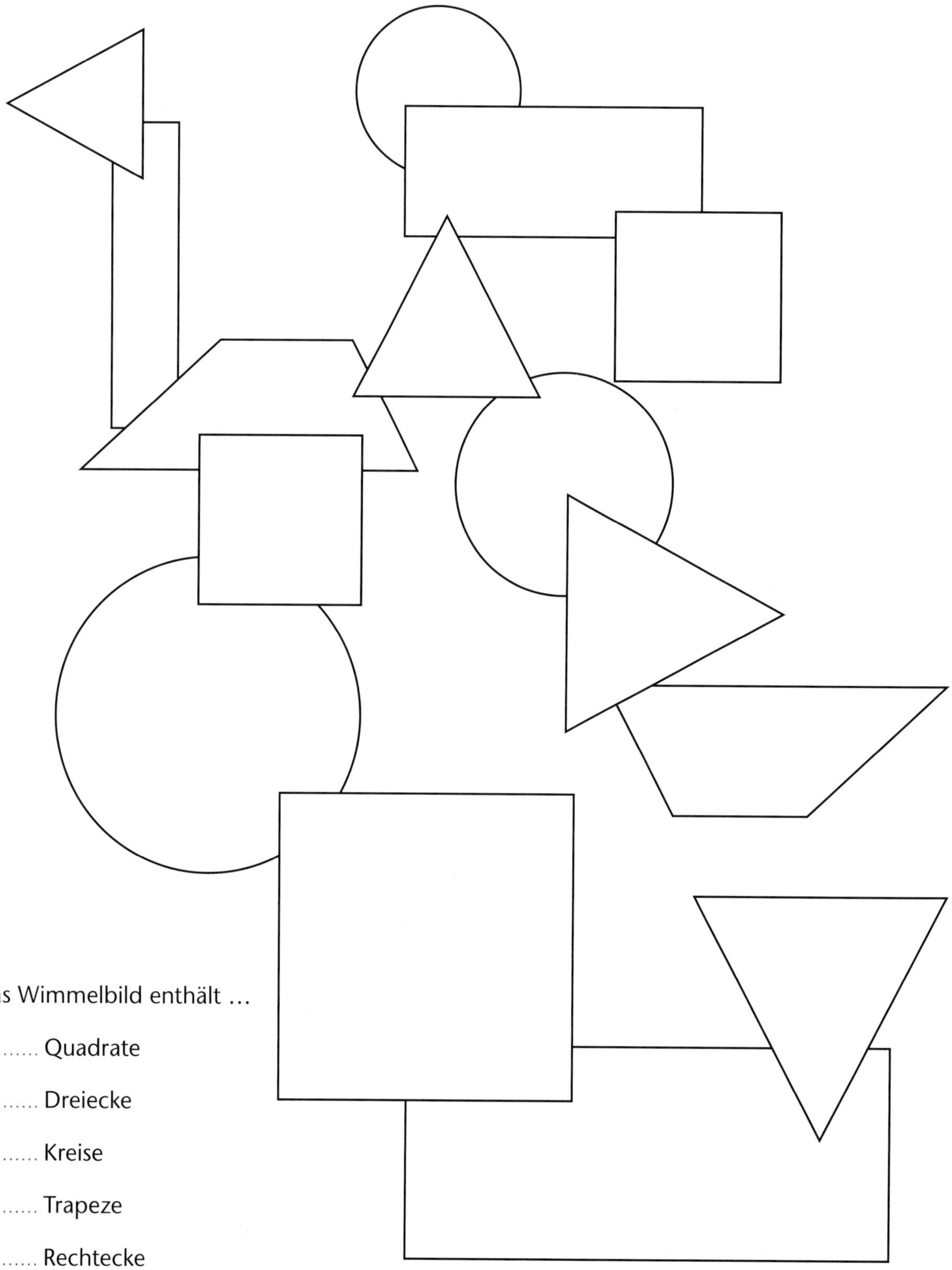

Das Wimmelbild enthält …

.... Quadrate

.... Dreiecke

.... Kreise

.... Trapeze

.... Rechtecke

Verflixte Formen

Figur-Grund-Unterscheidung

Aufgabe
Finde in diesem Wimmelbild alle Quadrate, Dreiecke, Kreise, Trapeze und Rechtecke. Male sie in jeweils gleicher Farbe aus und notiere unten, wie viele von ihnen du jeweils gefunden hast.

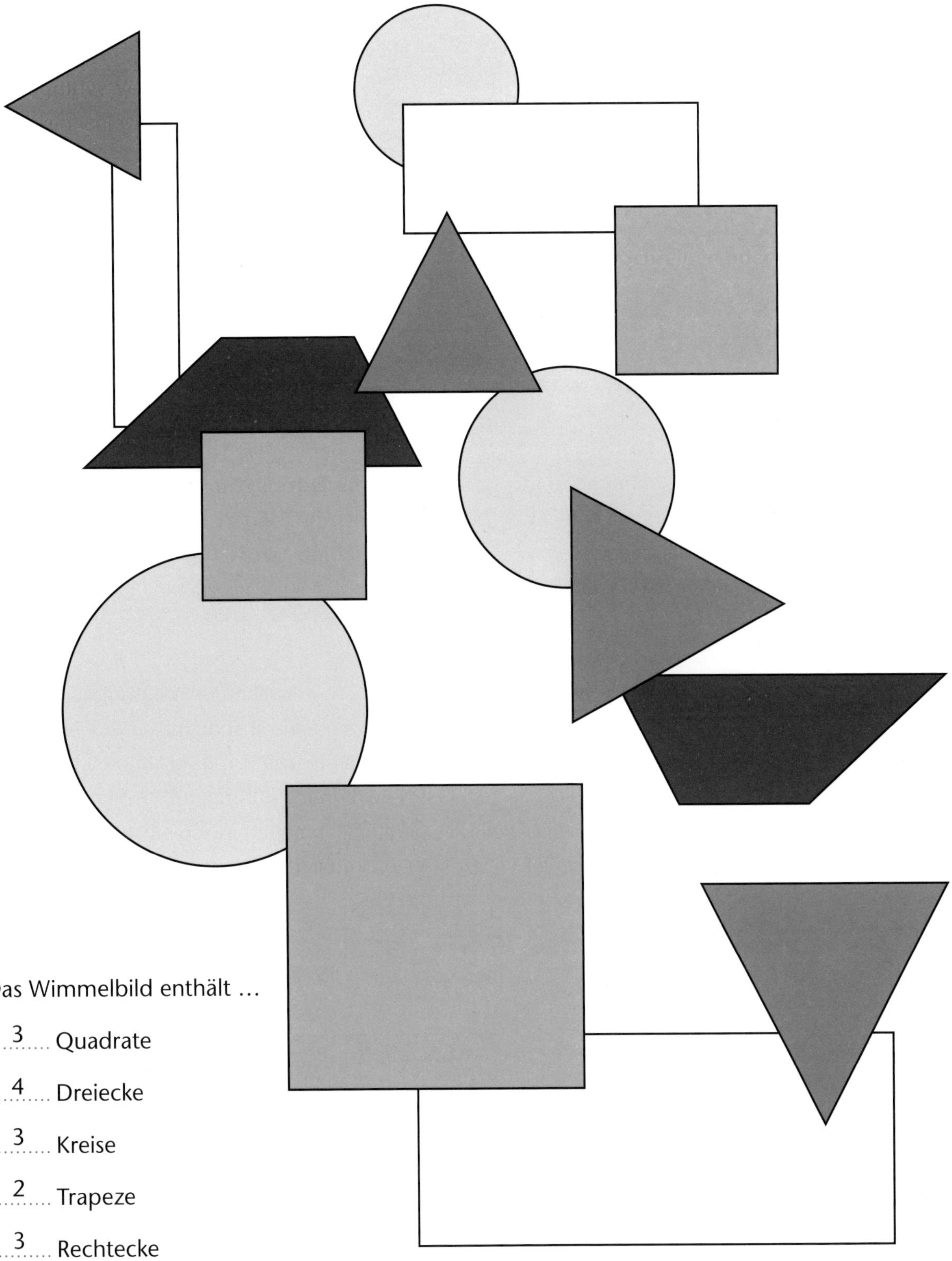

Das Wimmelbild enthält …

....3.... Quadrate

....4.... Dreiecke

....3.... Kreise

....2.... Trapeze

....3.... Rechtecke

 | ISBN 978-3-8346-3059-9 | www.verlagruhr.de

2 Soziale Kompetenz und Motivation

Einführung

In der Theorie wird den meisten Schülern bewusst sein, dass sie niemanden ausgrenzen sollten. Die tatsächliche Umsetzung im Alltag ist es meist, die Schwierigkeiten bereitet. Um die **Hemmnisse und Ängste**, die das „Anderssein" einiger Schüler auslösen mag (sei es nun die Hautfarbe, eine körperliche Behinderung oder auch Schwierigkeiten beim Rechnen), **aufzufangen und abzubauen**, bieten sich einige **Spiele** an, die auf den folgenden Seiten vorgestellt werden. Alle diese Spiele haben gemeinsam, dass die Schüler miteinander in Kontakt treten und Gruppen bilden müssen. Keiner kann allein bestehen. Die sonst übliche Sitzordnung im Klassenraum wird aufgelöst. Viele dieser Spiele sind gleichzeitig auch Bewegungsspiele, die zur Auflockerung und zum Spannungsabbau genutzt werden können.

Es bleibt jedem Lehrer selbst überlassen, die für seine Lerngruppe geeigneten Spiele auszuwählen. Grundsätzlich sollte jeder Schüler eine **realistische Chance** haben, das Spiel zu gewinnen oder sich in gleichem Maß daran zu beteiligen wie alle anderen.

Gerade bei schwierigen Gruppenkonstellationen ist es wichtig, vorab genaue **Verhaltensregeln** zu vereinbaren und nach dem Spiel eine Art Feedbackrunde mit den Schülern abzuhalten. Dabei können unter anderem mit folgenden Fragen die **positiven Aspekte des sozialen Miteinanders gefördert** werden:

- Haben sich alle Schüler an die vereinbarten Regeln gehalten?
- Wenn nein, wie geht die Gruppe nun damit um? (Darf derjenige beim nächsten Mal nicht mitspielen oder bekommt er eine zweite Chance?)
- Was hat den Schülern an dem Spiel gut gefallen, was nicht so gut? Warum (nicht)?

Je besser die Gruppendynamik in der Klasse funktioniert, desto kürzer kann die Feedbackrunde gehalten werden. Idealerweise werden die Spiele irgendwann zum „Selbstläufer": Alle Schüler treten miteinander in Kontakt, ohne dass es weiterer Erklärungen oder Nachbesprechungen bedarf.

Alles tanzt nach meiner Pfeife

Material eine Trillerpfeife, Musik, Abspielmöglichkeit für Musik

Dauer ca. 10 Minuten

Ziel Spannungsabbau, Auflockerung zu Beginn oder am Ende der Stunde

Vorbereitung Der Raum muss genügend Platz bieten, sodass die Schüler sich frei bewegen können. Ein CD-Player o. Ä. muss bereitgestellt sein.

So geht's

1. Mit den Schülern werden bestimmte Pfeifzeichen vereinbart, die sie befolgen müssen. Beispiele:
   - einmal kurz pfeifen: alle Schüler bleiben stehen
   - 2-mal pfeifen: alle Schüler legen sich hin
   - einmal lang pfeifen: alle Schüler stellen sich in eine Reihe
   - kein Pfeifen, nur die Musik wird abgestellt: die Schüler begrüßen sich mit Handschlag …
2. Dann geht es los: Die Musik wird eingeschaltet und alle Schüler tanzen zur Musik.
3. Der Lehrer pfeift laut auf der Trillerpfeife nach den vorher vereinbarten Signalen.

Variante Das Spiel kann auch ohne Pfeife gespielt werden. Dann stellt die Lehrkraft einfach nur die Musik ab und ruft ein Kommando in den Raum. Diese Variante ist vor allem für sehr unkonzentrierte bzw. jüngere Schüler geeignet.

Entspannung und soziale Kompetenz

Wir sind ein Atom!

Material Musik, Abspielmöglichkeit für Musik

Dauer ca. 10 Minuten

Teilnehmer mindestens 10 Schüler

Ziel Spannungsabbau, Auflockerung zu Beginn oder am Ende der Stunde

Vorbereitung Der Raum muss genügend Platz bieten, sodass die Schüler sich frei bewegen können. Ein CD-Player o. Ä. muss bereitgestellt sein.

So geht's

1. Die Musik wird abgespielt und alle Schüler tanzen frei zur Musik durch den Raum.
2. Wenn der Lehrer die Musik stoppt, ruft er eine Zahl in den Raum. Die Schüler müssen dann „Atome" bilden, indem sie sich in Gruppen zusammenfinden, die aus so vielen „Teilchen" (also Schülern) bestehen, wie angesagt wurde.
3. Wer keine Gruppe findet, scheidet aus dem Spiel aus.

Variante Man kann das Spiel auch ohne Ausscheiden spielen. Dann ruft der Lehrer nur Zahlen in den Raum, durch die die Teilnehmerzahl teilbar ist: bei zwölf Schülern z. B. sechs, drei, vier oder zwei.

Entspannung und soziale Kompetenz

Flüsterstuhl

Material –

Dauer 10–15 Minuten

Teilnehmer mindestens 2 Schüler

Ziel Förderung der sozialen Kompetenz und des Zusammenhalts in der Gruppe

Vorbereitung Die Schüler bilden einen Stuhlkreis. In der Mitte wird ein leerer Stuhl platziert.

So geht's

1. Ein Schüler setzt sich auf den Stuhl in der Mitte des Stuhlkreises.
2. Die anderen Schüler gehen der Reihe nach zu ihm hin und flüstern ihm ein Kompliment oder sonst etwas Nettes ins Ohr. Was die Schüler flüstern, bleibt ein Geheimnis. Danach wird gewechselt.
3. Wenn jeder Schüler einmal in der Mitte gesessen hat, wird der Flüsterstuhl weggeräumt.

Wie Pech und Schwefel

Material –

Dauer 10–15 Minuten

Teilnehmer mindestens 2 Schüler (am besten eine gerade Anzahl)

Ziel Förderung der sozialen Kompetenz und des Zusammenhalts in der Gruppe

Vorbereitung Tische und Stühle müssen zur Seite geräumt werden, damit die Schüler Bewegungsfreiheit haben.

So geht's

1. Die Schüler stellen sich paarweise Rücken an Rücken auf.
2. Dann gibt der Lehrer ein Startsignal und die Paare müssen so lange in Bewegung bleiben und dürfen nicht stehen bleiben, bis der Lehrer das Spiel beendet. Dazu muss einer der beiden Schüler das Kommando übernehmen und sagen, wohin es gehen soll. Dabei muss er sich in die Lage des anderen Schülers versetzen, denn sein Rechts, Links, Vorn und Hinten entspricht natürlich nicht dem seines Partners.

„Guten Tag" und „Auf Wiedersehen"

Material –

Dauer ca. 10 Minuten

Teilnehmer mindestens 6 Schüler

Ziel Förderung der sozialen Kompetenz und des Zusammenhalts in der Gruppe

Vorbereitung Tische und Stühle müssen zur Seite geräumt werden, damit die Schüler Bewegungsfreiheit haben.

So geht's

1. Jeder Schüler denkt sich eine eigene Art der Begrüßung aus: z. B. Hände schütteln, verbeugen, einen imaginären Hut ziehen, knicksen, auf die Schulter klopfen, winken …
2. Dann gehen alle durch den Raum und jeder begrüßt jeden auf die eigene Art.
3. Am Ende müssen die Schüler versuchen, sich zu erinnern, wer auf welche Art gegrüßt hat.

3 Rechnen konkret

Einführung

In diesem Kapitel wird es nun „konkret". Mithilfe der folgenden Übungen können Sie Ihre Schüler **problemspezifisch in folgenden Bereichen fördern**:

- Wiederholung grundlegender Rechenfertigkeiten
- Arbeiten mit Veranschaulichungshilfen
- Eigene Lösungswege finden und anwenden
- Verbinden von Rechenoperationen mit Alltagshandlungen

Bei der **Förderung von Schülern der weiterführenden Schulen** kommt den praxisbezogenen Inhalten eine besondere Bedeutung zu. Eine Frühförderung zur Entwicklung mathematischer Kompetenzen ist oft nicht mehr zielführend und vergebens. Es geht ganz klar darum, den betroffenen Schüler dazu zu befähigen, seinen **Schulabschluss trotz seiner Rechenschwäche** und nur wenigen bestehenden Möglichkeiten des Notenschutzes zu schaffen.
Förderprogramme für Schüler der Sekundarstufen sind Mangelware. Sie sind als Lehrer also im Großen und Ganzen darauf angewiesen, Ihre Materialien selbst zusammenzustellen. Wenn Sie eine Förderung planen, empfiehlt es sich, dabei folgende Empfehlungen nach Krajewski (2008) zu beachten:

- Fördern Sie **mathematikspezifisch**. Die vorrangige oder sogar ausschließliche Förderung anderer Bereiche (z. B. aus der Kinästhetik) ist wenig hilfreich.
- Bauen Sie das Material **systematisch** auf. Je nach Ausgangslage müssen Sie u. U. auch noch einmal sehr frühe Kompetenzen des Schülers fördern.
- Verwenden Sie **abstrakte Darstellungsmittel** zur Verdeutlichung der Struktur des Zahlenraums.
- **Verbalisieren** Sie gemeinsam mit dem Schüler die Rechenoperationen.
- Für die Mathematik gilt: Auch „Drillübungen" zum **Auswendiglernen** können helfen.

Besonders der letzte Punkt wirkt erst einmal befremdlich – Drillübungen (oder auch „Blitzrechnen") in Zeiten, in denen der ganze Unterricht immer kreativer und individueller gestaltet werden soll? Bei diesen Drillübungen geht es im Prinzip einfach um praxisorientiertes Denken und um die Frage:
Was hilft dem Schüler?
Es kommt durchaus häufiger vor, dass auch mithilfe des schönsten Anschauungsmaterials gewisse Zusammenhänge von Schülern nicht verinnerlicht werden. Was hilft dem Schüler der weiterführenden Schule dann mehr? Das Beharren darauf, dass er ein Zahlenraumverständnis entwickelt, mit dem er sich dann z. B. das Einmaleins erarbeitet, oder schlicht und einfach das Auswendiglernen des Einmaleins? Die „Drillübungen" können natürlich variieren. Sie müssen nicht aus dem sturen Bearbeiten von Arbeitsblättern bestehen. Auch das Einmaleins lässt sich vielfältig üben!

Auf den folgenden Seiten finden Sie **zu allen oben genannten Förderbereichen verschiedene Übungsmaterialien**, die Ihnen hoffentlich eine wertvolle Hilfestellung bei der schulischen Förderung der betroffenen Schüler bieten. Das Kapitel gliedert sich demnach in **vier Unterkapitel**:

I. „Drill dich" – Trainieren mathematischer Grundfertigkeiten
II. Arbeiten mit Veranschaulichungshilfen (Zahlenstrahl, Hunderterfeld)
III. Sachaufgaben (eigene Lösungswege finden und anwenden, Alltagshandlungen mit Rechenaufgaben verbinden)
IV. Komplexere Rechenoperationen (Rechenvorteile nutzen, Regeln beachten, Rechnen mit Größen)

Bevor es mit den konkreten Fördereinheiten losgeht, erhalten Sie zu jedem der vier Bereiche vorab einige **hilfreiche Hinweise**.

Einführung

I. „Drill dich" – Trainieren mathematischer Grundfertigkeiten (ab S. 42)

In diesem Abschnitt werden Ihnen vielfältige Übungen bereitgestellt, mit denen Ihre Schüler **wichtige mathematische Grundfertigkeiten üben und sich einprägen** können.
Im Vordergrund steht bei diesen Übungen nicht die Einsicht in mathematische Kompetenzen, Strukturen und Prozesse, sondern ein **ganz simples, aber oft effektives Auswendiglernen** von Aufgaben und Ergebnissen.
Oft scheitert das richtige Lösen von z. B. Textaufgaben an der Tatsache, dass der Schüler zu lange braucht (oder es auch gar nicht schafft), scheinbar einfache Rechenoperationen durchzuführen. Darf der Schüler keine Hilfsmittel, wie Taschenrechner oder ein Schmierblatt für Nebenrechnungen, verwenden, ist es ungemein hilfreich, wenn er grundlegende Aufgaben, wie das Einmaleins ($1 \cdot 1$, $1:1$, $1+1$, $1-1$), ganz einfach auswendig gelernt hat.
Die Übungen sind oft spielerisch aufgebaut. Wichtig ist die **kontinuierliche und häufige Wiederholung**. Wenn Sie das Einmaleins mit drei oder vier dieser Übungen in einer gezielten Trainingseinheit wiederholen und üben, kommt normalerweise keine Langeweile bei den Schülern auf, obwohl der Lerninhalt nur wenig variiert.
Die Übungsbeschreibungen dürfen durchaus auch als Anregung für neue Ideen verstanden werden. Lassen Sie Ihrer Kreativität freien Lauf!

II. Arbeiten mit Veranschaulichungshilfen (ab S. 60)

Schüler mit Schwierigkeiten im Rechnen haben oft ein **unzureichendes Verständnis von Zahlen und Größen und deren Zusammenhängen** ausgebildet. In der Sekundarstufe tragen sie diese Probleme und ihre Folgen schon viele Schuljahre mit sich herum und haben nicht selten eine Verweigerungshaltung ausgebildet. Eine ausgeprägte Abneigung, sich mit den üblichen, in Schulbüchern angebotenen Aufgabenstellungen zu befassen, ist bei rechenschwachen Schülern häufig zu finden und stellt eine große Hürde dar, wenn es darum geht, diese Schüler zu fördern. Für die Förderung bedeutet das, dass Sie diese **Verweigerungshaltung aufbrechen** müssen. Verlassen Sie dazu alte Pfade und probieren Sie etwas Neues! Zum einen können Sie dafür die spielerischen „Drillübungen" aus dem vorhergehenden Kapitel nutzen. Eine andere Möglichkeit ist das Arbeiten mit **Veranschaulichungshilfen**, die normalerweise im Mathematikunterricht der Sekundarstufe nicht mehr verwendet werden. Auch wenn es nur selten gelingen wird, die verpassten Schritte der Entwicklung mathematischer Kompetenzen bei Schülern jenseits der Grundschulzeit aufzuholen, können die Veranschaulichungshilfen doch dazu dienen, die nötigen **Rechenoperationen weniger trocken und furchteinflößend** zu gestalten. Außerdem traut sich so mancher Schüler mit einer ausgeprägten Verweigerungshaltung gegenüber der Mathematik erst durch die Zuhilfenahme von Veranschaulichungshilfen, eigene Lösungswege zu erarbeiten und auch etwas kniffligere Aufgaben anzugehen. Die Veranschaulichungshilfen, die ich in diesem Unterkapitel vorstellen möchte, sind die folgenden:

- Zahlenstrahl (Zahlenstraße)
- Hunderterfelder
- Würfel, Bälle, Steine

Die Anwendungsmöglichkeiten der einzelnen Veranschaulichungshilfen werden jeweils an unterschiedlichen Rechenoperationen demonstriert. Verstehen Sie diesen Bereich als Anregung und scheuen Sie sich nicht, mit Ihren Schülern neue, in der Sekundarstufe ungewohnte Wege der Förderung zu beschreiten. Geben Sie den Schülern die Möglichkeit, für sich sinnvolle Hilfestellungen durch die Veranschaulichungsmöglichkeiten zu finden. Es kann sein, dass eine Möglichkeit einem Schüler besonders gut hilft, oder auch, dass gar keine hilfreich ist. Dann sollten Sie auch nicht auf dem Verwenden der Veranschaulichungshilfen beharren, da ihre Anwendung nun mal keinen Nutzen für den Schüler hätte.

III. Sachaufgaben (ab S. 88)

Sachaufgaben stellen Schüler mit einer Rechenschwäche oft vor **große Schwierigkeiten**. Bevor der Schüler mit dem eigentlichen Rechnen beginnen kann, muss erst einmal der Text gelesen, müssen die notwendigen Informationen entnommen und die mathematischen und logischen Zusammenhänge erkannt und in Rechenoperationen umgesetzt werden.
Vielen Schülern mit einer Rechenschwäche fehlt das Verständnis für die Zusammenhänge von Zahlen und Größen. Der Sinn der Rechenoperationen erschließt sich für diese Jugendlichen nur schwer. Zusätzlich haben diese Schüler häufig eine regelrechte Abneigung oder Abwehrhaltung gegen alles, was mit Zahlen und Mathematik zu tun hat, entwickelt.
Die Tatsache, dass eine Rechenschwäche nicht selten mit einer geringen Leistung im Arbeitsspeicher unseres Gedächtnisses zusammenhängt, trägt ebenfalls nicht zum guten Verständnis und Umsetzen von Sachaufgaben bei.
Um den Schülern die Arbeit mit Sachaufgaben zu erleichtern, müssen auch die **grundsätzlichen Fertigkeiten in Mathematik** trainiert werden. Dazu zählen die Grundrechenarten. Schüler mit einer Rechenschwäche verlieren oft viel Zeit, indem sie beim Lösen von Sachaufgaben an den notwendigen Rechenoperationen „kleben" bleiben. Es ist sicher sinnvoll, diesen Schülern die **Verwendung von Hilfsmitteln**, wie Rechenrahmen, Taschenrechner und Schmierzetteln, zu erlauben sowie über eine **Zeitzugabe** nachzudenken. Doch diese ganzen Erleichterungen nützen wenig, wenn dem Schüler gar nicht klar ist, welche Rechnung er überhaupt durchführen muss.
Der andere wichtige Aspekt, der sicher nicht nur Schüler mit Schwierigkeiten im Rechnen betrifft, ist die **logische Entnahme von Informationen aus dem Text**. Gerade in der Sekundarstufe sind die Text- und Sachaufgaben zunehmend komplexer in ihren Formulierungen. Es wird erwartet, dass der Schüler aus dem Textzusammenhang selbstständig entnehmen kann, welche Informationen wichtig für das Lösen der Aufgabe sind und welche Informationen errechnet werden müssen. Neben dem Training der Grundrechenarten brauchen die Schüler also eine Anleitung und Methoden, wie sie den Texten Informationen entnehmen und diese dann **in sinnvolle Rechenoperationen umsetzen** können.
In diesem Unterkapitel werden Ihnen dafür folgende **Methoden und Arbeitshilfen** vorgestellt:

- Rechenpläne
- Signalwörter
- Das richtige Lesen und Lösen

Die Arbeitshilfen werden Ihnen als Kopiervorlagen für die Schüler angeboten. Mit ihrer Hilfe können Sie alle Methoden **kleinschrittig erarbeiten.**
Für alle in diesem Unterkapitel zusammengestellten Material- und Infoblätter gilt: Verteilen und **besprechen Sie zunächst die Infoblätter** und stellen Sie sicher, dass die Schüler das Vorgehen verstanden haben. **Lassen Sie erst dann die Materialblätter bearbeiten.**
Bestehen Sie nicht darauf, dass alle Schüler alle Methoden anwenden und beherrschen. Sie sollen als Anregung zum leichteren Lösen von Sachaufgaben verstanden werden und nicht als Selbstzweck.

IV. Komplexere Rechenoperationen (ab S. 100)

Im letzten Unterkapitel geht es um die **Verknüpfung der grundlegenden Rechenfertigkeiten**. Die **Aufgabentypen**, die hier vorgestellt und eingeübt werden sollen, gehören zu den folgenden Bereichen:

- Rechenregeln beachten (Punkt-vor-Strich-Rechnung und das Rechnen mit Klammern)
- Rechnen mit Maßeinheiten
- Rechenvorteile nutzen

Zu jedem der genannten Bereiche finden Sie in diesem Unterkapitel Infoblätter, die den Schülern die Rechenregeln erklären, sowie passende Übungsblätter.

Bevor die Schüler nicht sicher in den grundlegenden Rechenfertigkeiten sind, ist es in der Lerntherapie wenig sinnvoll, sich an die komplexeren Rechenoperationen heranzuwagen.

Im normalen Betrieb an einer Regelschule besteht die Herausforderung für den Mathematiklehrer nun darin, auch die rechenschwachen Schüler „mitzunehmen" und die Lehrpläne zu erfüllen. Mein Vorschlag für die Praxis: Ermöglichen Sie den Schülern mit Problemen in den Grundrechenarten die **Benutzung von Rechenhilfen** (z. B. Veranschaulichungshilfen, s. S. 60 ff.) und lassen Sie schriftliche Nebenrechnungen zu.
Wenn allein das Lösen von einzelnen Teilaufgaben schon schwerfällt und viel Zeit in Anspruch nimmt, können die Rechenregeln gar nicht gemerkt und verstanden werden.
Im Idealfall haben Sie also mit den Schülern bereits die Grundrechenarten so weit eingeübt, dass die Konzentration auf komplexere Rechenoperationen gelenkt werden kann. Die „Drillübungen" aus Unterkapitel I. lassen sich prima nutzen, um zu Beginn einer Mathematikstunde die grundlegenden Fertigkeiten noch einmal zu wiederholen.

Domino

Material	pro Gruppe ein Set **Dominokärtchen** (S. 43)
Dauer	10–15 Minuten
Teilnehmer	maximal 5 Schüler pro Gruppe
Ziel	das Einmaleins üben und sich merken
Vorbereitung	Die Vorlage Domino wird pro Gruppe einmal kopiert und die Kärtchen werden ausgeschnitten. Zur besseren Haltbarkeit und auch Handhabung können Sie sie vorher laminieren.
So geht's	Die Schüler spielen mit den Kärtchen nach den bekannten Regeln Domino, indem sie immer eine passende Aufgabe an das entsprechende Ergebnis anlegen.
Variante	Mit Blankokarten lassen sich Dominos mit beliebigen anderen Rechenaufgaben entwerfen, auch von den Schülern selbst.

Domino

Trainieren mathematischer Grundfertigkeiten

81	7 • 8	56	8 • 8
64	7 • 3	21	5 • 9
45	9 • 7	63	6 • 7
42	8 • 4	32	6 • 8
48	4 • 9	36	8 • 5
40	7 • 4	28	3 • 4
12	9 • 3	27	9 • 9

Pärchenspiel 1 • 1 und 1 : 1

Material pro Gruppe ein Set **Pärchenspiel-Kärtchen** entweder **zum Üben von 1 • 1-Aufgaben** (S. 45) oder **zum Üben von 1 : 1-Aufgaben** (S. 46)

Dauer 10–15 Minuten

Teilnehmer maximal 5 Schüler pro Gruppe

Ziel das Einmaleins (1 • 1, 1 : 1) üben und sich merken

Vorbereitung Die entsprechende Vorlage **Pärchenspiel** wird pro Gruppe einmal kopiert und die Kärtchen werden ausgeschnitten. Zur besseren Haltbarkeit und auch Handhabung können Sie sie vorher laminieren.

So geht's Die Schüler legen die Karten verdeckt in zwei Gruppen auf den Tisch. Auf einer Seite liegen die Karten mit den Aufgaben, auf der anderen Seite die Ergebnisse. Reihum deckt nun jeder Schüler jeweils eine Aufgabenkarte und eine Ergebniskarte auf und versucht, nach den bekannten Regeln des Pärchenspiels, Pärchen zu finden.

Variante Mit Blankokarten lassen sich Pärchenspiele mit beliebigen anderen Rechenaufgaben entwerfen, auch von den Schülern selbst.

Pärchenspiel 1 • 1

Trainieren mathematischer Grundfertigkeiten

6 • 4	24	3 • 6	18	9 • 8
72	6 • 7	42	7 • 8	56
8 • 8	64	9 • 9	81	5 • 6
30	6 • 8	48	5 • 9	45
7 • 5	35	7 • 7	49	3 • 4
12	6 • 6	36	6 • 9	54

Pärchenspiel 1 : 1

Trainieren mathematischer Grundfertigkeiten

32 : 4	8	24 : 4	6	45 : 9
5	21 : 7	3	54 : 6	9
56 : 7	8	28 : 4	7	48 : 6
8	30 : 5	6	64 : 8	8
81 : 9	9	49 : 7	7	12 : 3
4	36 : 6	6	15 : 3	5

Abb. Kopfzeile: © Verlag an der Ruhr | ISBN 978-3-8346-3059-9 | www.verlagruhr.de

Eckenrechnen Plus und Minus

Anmerkung

Dieses Spiel wird Ihnen mit Aufgaben in zwei Zahlenräumen (Eckenrechnen bis 1 000 und Eckenrechnen bis Millionen) angeboten. Entscheiden Sie selbst je nach Altersstruktur und Rechenstärke der Gruppe, welche Möglichkeit Sie anbieten. In größeren Zahlenräumen kann der Hinweis an die Schüler nützlich sein, mit einer Wertetabelle zu arbeiten.

Material

- ein Set **Aufgabenkärtchen** (S. 48 oder S. 50)
- pro Schüler eine Kopie des **leeren Übungsblattes „Eckenrechnen Plus und Minus"** (S. 52) und ein Stift

Dauer

10–15 Minuten

Ziel

Plus- und Minusrechnen im Zahlenraum bis 1 000 oder bis Millionen üben

Vorbereitung

Die Kopien werden in entsprechender Anzahl gemacht, die **Aufgabenkärtchen** ausgeschnitten und verdeckt im Raum verteilt (auf der Fensterbank, an der Tafel, auf Tischen und Stühlen etc.). Zur besseren Haltbarkeit und auch Handhabung können Sie sie vorher laminieren. Der Lehrer hält die Kopie des **Lösungsblattes** bereit. Die Schüler erhalten jeweils ein **leeres Übungsblatt** und halten einen Stift bereit.

So geht's

1. Die Schüler gehen leise durch den Raum und notieren die Aufgaben 1 bis 7 auf ihrem Übungsblatt. Wichtig: Die Aufgaben müssen ihrer Nummerierung entsprechend notiert werden, das erleichtert die spätere Kontrolle.
2. Jeder Schüler berechnet in Einzelarbeit die Aufgaben.
3. Wer fertig ist, geht ebenfalls leise zum Lehrer und kontrolliert anhand des **Lösungsblattes** (S. 49 bzw. 51) seine Ergebnisse.

Varianten

Variante 1: Mit Wettbewerbscharakter: Der Lehrer stoppt und notiert jeweils die Zeit, die ein Schüler für alle Aufgaben gebraucht hat. Haben mehrere Schüler alle Ergebnisse richtig, entscheidet die Zeit, wer der Sieger ist. Diese Variante eignet sich nur für eine Gruppe von selbstsicheren Schülern.
Variante 2: Auch dieses Spiel lässt sich natürlich mit beliebigen anderen Aufgaben gestalten und durchführen.

Eckenrechnen Plus und Minus: bis 1 000

Aufgabe Nr. 1:

333 – 212

Aufgabe Nr. 2:

456 – 138

Aufgabe Nr. 3:

678 + 56

Aufgabe Nr. 4:

543 + 123

Aufgabe Nr. 5:

977 – 63

Aufgabe Nr. 6:

432 + 45

Aufgabe Nr. 7:

765 + 234

Eckenrechnen Plus und Minus: bis 1 000

Aufgabe Nr. 1: 333 – 212 = **121**
Aufgabe Nr. 2: 456 – 138 = **318**
Aufgabe Nr. 3: 678 + 56 = **734**
Aufgabe Nr. 4: 543 + 123 = **666**
Aufgabe Nr. 5: 977 – 63 = **914**
Aufgabe Nr. 6: 432 + 45 = **477**
Aufgabe Nr. 7: 765 + 234 = **999**

Eckenrechnen Plus und Minus: bis Millionen

Aufgabe Nr. 1:

65 899 + 321 765

Aufgabe Nr. 2:

999 999 – 436 876

Aufgabe Nr. 3:

345 123 + 89 456

Aufgabe Nr. 4:

645 329 – 123 456

Aufgabe Nr. 5:

867 432 + 12 000

Aufgabe Nr. 6:

745 875 – 3 200

Aufgabe Nr. 7:

455 000 + 365 987

Eckenrechnen Plus und Minus: bis Millionen

Trainieren mathematischer Grundfertigkeiten

Aufgabe Nr. 1: 65 899 + 321 765 = **387 664**
Aufgabe Nr. 2: 999 999 – 436 876 = **563 123**
Aufgabe Nr. 3: 345 123 + 89 456 = **434 579**
Aufgabe Nr. 4: 645 329 – 123 456 = **521 873**
Aufgabe Nr. 5: 867 432 + 12 000 = **879 432**
Aufgabe Nr. 6: 745 875 – 3 200 = **742 675**
Aufgabe Nr. 7: 455 000 + 365 987 = **820 987**

Eckenrechnen Plus und Minus

Trainieren mathematischer Grundfertigkeiten

Notiere die Aufgabe:	Notiere die Lösung:
Aufgabe Nr. 1:	=
Aufgabe Nr. 2:	=
Aufgabe Nr. 3:	=
Aufgabe Nr. 4:	=
Aufgabe Nr. 5:	=
Aufgabe Nr. 6:	=
Aufgabe Nr. 7:	=

Wimmelbildrechnen 1 • 1 und 1 : 1

Anmerkung Dieses Spiel wird Ihnen in zwei Varianten angeboten: Sie erhalten sowohl ein Wimmelbild mit 1 • 1-Aufgaben als auch eines mit 1 . 1-Aufgaben.

Material pro Schüler eine Kopie des **Übungsblattes „Wimmelbildrechnen"** (S. 54–55 oder S. 57–58) sowie ein Stift

Dauer 10–15 Minuten

Ziel das Einmaleins (1 • 1, 1 : 1) üben

Vorbereitung Jeder Schüler erhält eine entsprechende Kopie des aus den beiden Varianten ausgewählten Übungsblattes und hält einen Stift bereit.

So geht's

1. Jeder Schüler hat das Übungsblatt vor sich.
2. Zu jedem Bildausschnitt gehören zwei Zahlen: eine auf der linken Seite und eine oben (wie die Koordinaten auf einem Stadtplan). Der Schüler sucht den jeweiligen Bildausschnitt auf dem Wimmelbild und notiert die Koordinaten.
3. Diese Zahlen ergeben dann eine 1 • 1-Aufgabe oder eine 1 : 1-Aufgabe, die der Schüler neben dem entsprechenden Wimmelbild mit Ergebnis notiert.
   Beispiel: Hat ein Bildausschnitt oben die Koordinate 4 und auf der linken Seite die Koordinate 2, dann wäre die 1 • 1-Aufgabe 4 • 2.
4. Am Ende vergleichen alle Schüler mithilfe des **Lösungsblattes „Wimmelbildrechnen"** (S. 56 bzw. 59) die Ergebnisse.

Wimmelbildrechnen 1 • 1

	5	7	9	6	8
6					
4					
9					
3					
5					
7					
8					

Wimmelbildrechnen 1 • 1

Aufgabe

Zu jedem Bildausschnitt auf der ersten Seite von „Wimmelbildrechnen 1 • 1“ gehoren zwei Zahlen: eine oben und eine auf der linken Seite. Notiere zuerst die obere und dann die linke Zahl zu jedem Bildausschnitt und bilde damit eine Aufgabe. Rechne sie aus und kontrolliere mit dem Lösungsblatt.

.... • .... = ...

.... • .... = ...

.... • .... = ...

.... • .... = ...

.... • .... = ...

.... • .... = ...

.... • .... = ...

.... • .... = ...

.... • .... = ...

.... • .... = ...

.... • .... = ...

Wimmelbildrechnen 1 • 1

Trainieren mathematischer Grundfertigkeiten

Aufgabe

Zu jedem Bildausschnitt auf der ersten Seite von „Wimmelbildrechnen 1 • 1“ gehören zwei Zahlen: eine oben und eine auf der linken Seite. Notiere zuerst die obere und dann die linke Zahl zu jedem Bildausschnitt und bilde damit eine Aufgabe. Rechne sie aus und kontrolliere mit dem Lösungsblatt.

8 • 9 = 72

7 • 4 = 28

5 • 8 = 40

9 • 4 = 36

8 • 3 = 24

5 • 9 = 45

6 • 6 = 36

7 • 9 = 63

8 • 8 = 64

5 • 7 = 35

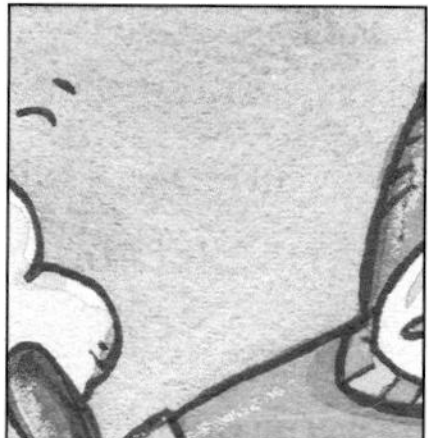

9 • 6 = 54

Wimmelbildrechnen 1 : 1

	36	81	24	56	63
6					
4					
9					
3					
5					
7					
8					

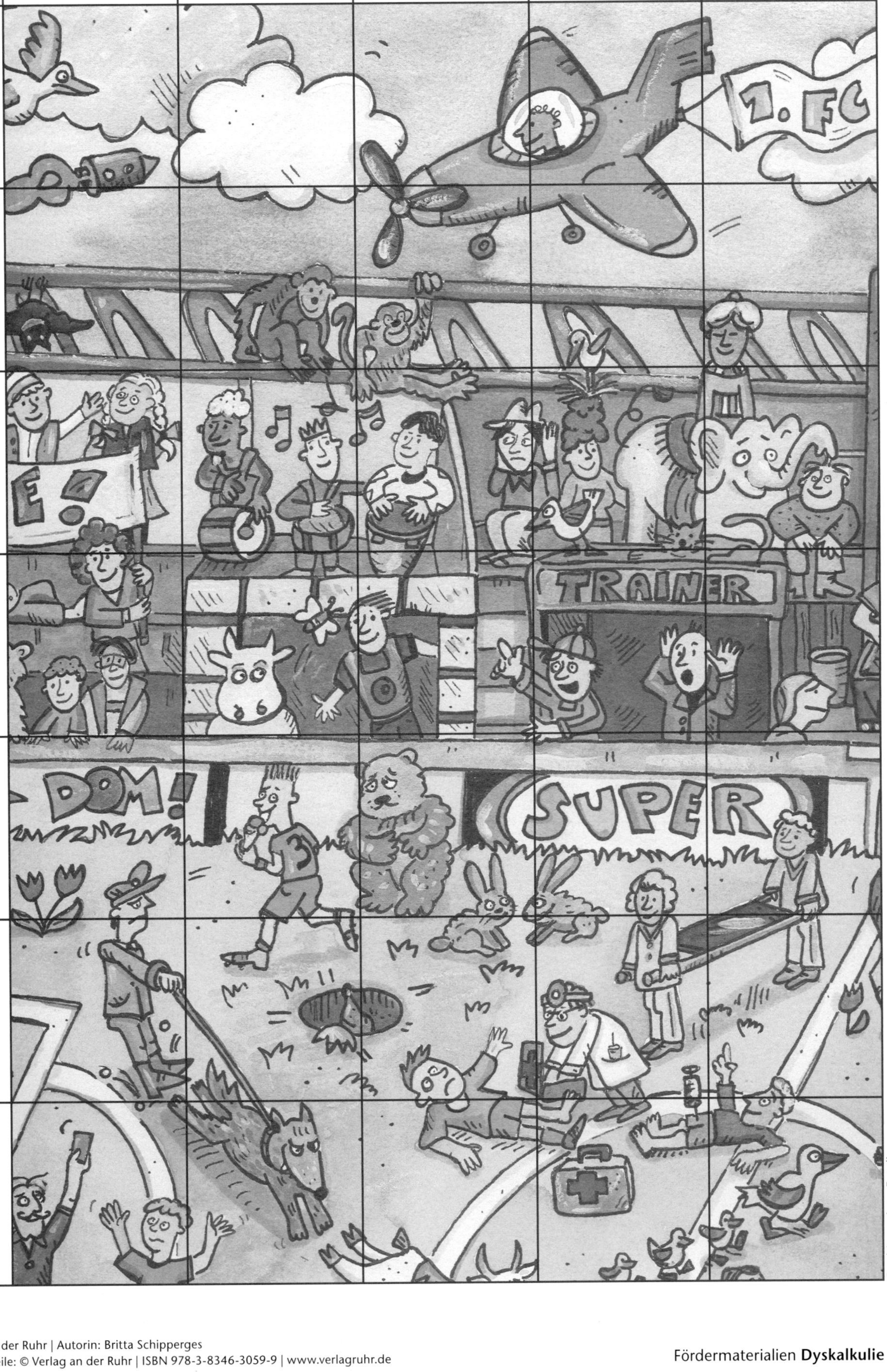

Wimmelbildrechnen 1 : 1

Aufgabe

Zu jedem Bildausschnitt auf der ersten Seite von „Wimmelbildrechnen 1 : 1“ gehören zwei Zahlen: eine oben und eine auf der linken Seite.
Notiere zuerst die obere und dann die linke Zahl zu jedem Bildausschnitt und bilde damit eine Aufgabe. Rechne sie aus und kontrolliere mit dem Lösungsblatt.

.... : .... = ...

.... : .... = ...

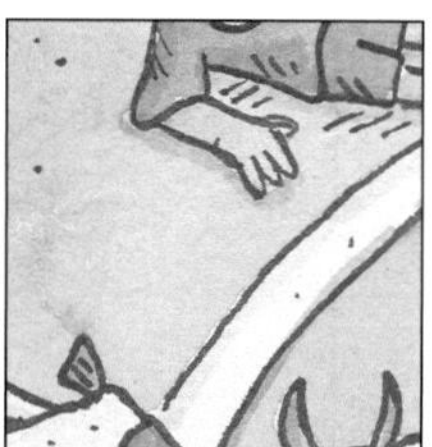

.... : .... = ...

.... : .... = ...

.... : .... = ...

.... : .... = ...

.... : .... = ...

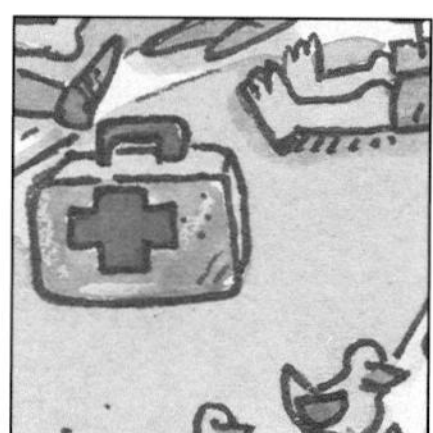

.... : .... = ...

.... : .... = ...

.... : .... = ...

Wimmelbildrechnen 1 : 1

Trainieren mathematischer Grundfertigkeiten

Aufgabe

Zu jedem Bildausschnitt auf der ersten Seite von „Wimmelbildrechnen 1 : 1" gehören zwei Zahlen: eine oben und eine auf der linken Seite.
Notiere zuerst die obere und dann die linke Zahl zu jedem Bildausschnitt und bilde damit eine Aufgabe. Rechne sie aus und kontrolliere mit dem Lösungsblatt.

36 : 6 = 6

36 : 4 = 9

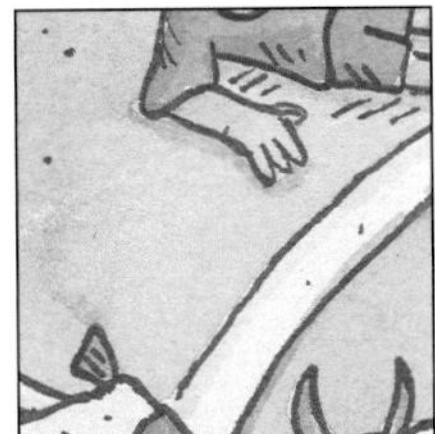

24 : 8 = 3

63 : 7 = 9

56 : 7 = 8

24 : 3 = 8

63 : 9 = 7

56 : 8 = 7

81 : 9 = 9

24 : 4 = 6

Der Zahlenstrahl

Anmerkung

Sie erhalten hier neben fertigen Beispielen und Übungen zu Additions- und Subtraktionsaufgaben sowie zu Multiplikations- und Divisionsaufgaben auch eine **Blanko-Vorlage mit unbeschrifteten Zahlenstrahlen** (S. 67), die Sie für beliebige Aufgaben verwenden können.

Material

- pro Schüler eine Kopie des **Übungsblatts „Der Zahlenstrahl – Blanko-Vorlage“** (S. 67) und ein Stift
- pro Schüler eine Kopie des **Infoblattes „Addition und Subtraktion“** bzw. **„Multiplikation und Division“** (S. 61 oder S. 64)
- die gleichen Blätter auf Folie oder per Beamer an die Wand projiziert oder an die Tafel gezeichnet
- ggf. pro Schüler eine Kopie des **Übungsblattes „Addition und Subtraktion“** bzw. **„Multiplikation und Division“** (S. 62 oder S. 65)

Dauer

15–30 Minuten

Ziel

- Addition und Subtraktion von zweistelligen Zahlen üben
- Multiplikation und Division üben

Vorbereitung

Entweder haben Sie auf dem **Übungsblatt „Der Zahlenstrahl – Blanko-Vorlage“** bereits vor dem Kopieren die passende Zahleneinteilung vorgenommen oder die Schüler tragen die Zahlen auf den unbeschrifteten Zahlenstrahlen selbst ein.

So geht's

1. Jeder Schüler hat das Übungsblatt mit leeren Zahlenstrahlen und das entsprechende Infoblatt mit am Zahlenstrahl gerechneten Beispielen vor sich.
2. Gemeinsam mit den Schülern besprechen Sie das Infoblatt und stellen sicher, dass den Schülern das Vorgehen am Zahlenstrahl deutlich geworden ist.
3. Sie geben dann verschiedene Aufgaben nach freier Wahl vor und erklären den Schülern, welche sinnvolle Einteilung der Zahlen am Zahlenstrahl für welche Aufgaben sie vornehmen sollen (z. B. in Zehnerschritten oder Hunderterschritten).
4. Die Schüler bearbeiten dann ggf. weitere Aufgaben anhand der Übungsblätter (S. 62 oder S. 65), indem sie die Rechenwege auf den Zahlenstrahlen eintragen.
5. Am Ende vergleichen alle Schüler mithilfe des entsprechenden **Lösungsblattes „Addition und Subtraktion“** bzw. **„Multiplikation und Division“** (S. 63 oder S. 66) die Ergebnisse.

Der Zahlenstrahl – Addition und Subtraktion

Arbeiten mit Veranschaulichungshilfen

Anhand der folgenden Beispiele siehst du, wie du Rechenaufgaben mithilfe des Zahlenstrahls lösen kannst.

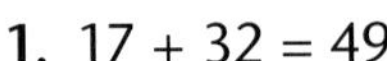

1. 17 + 32 = 49

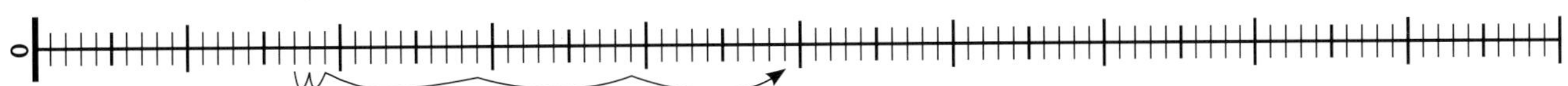

2. 28 + 86 = 114

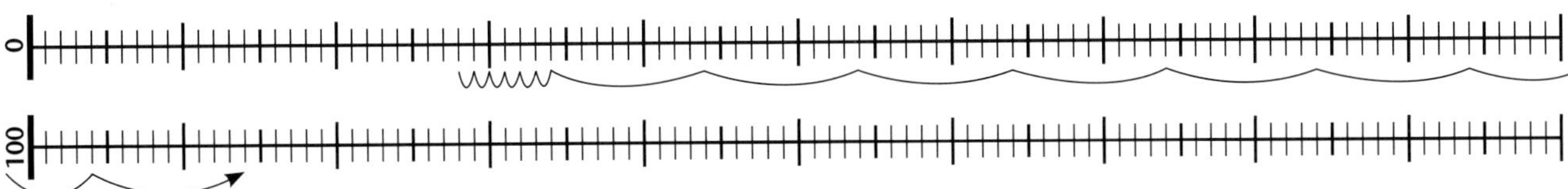

3. 76 – 40 = 36

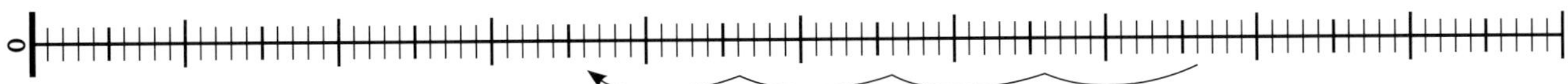

4. 111 – 56 = 55

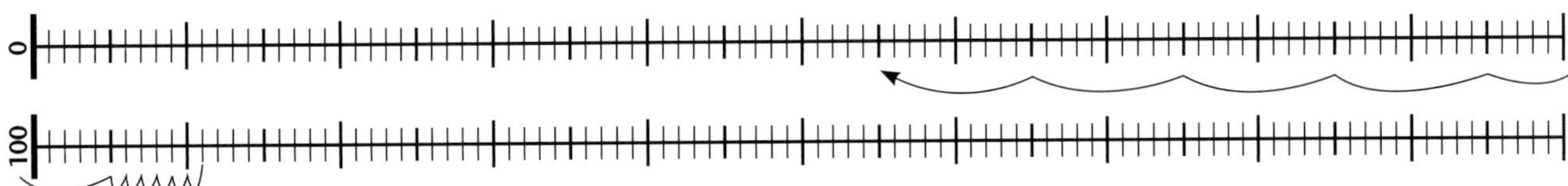

5. 355 + 145 = 500

6. 675 – 385 = 290

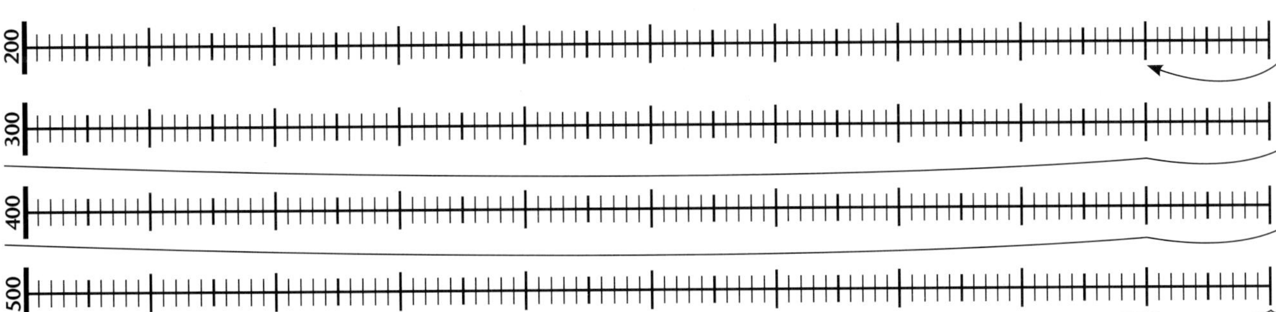

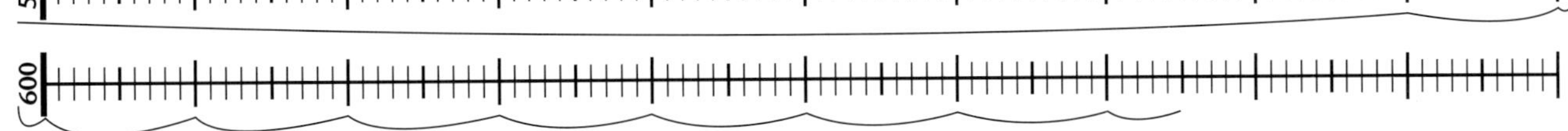

Abb. Kopfzeile: © Verlag an der Ruhr | ISBN 978-3-8346-3059-9 | www.verlagruhr.de

Der Zahlenstrahl – Addition und Subtraktion

Arbeiten mit Veranschaulichungshilfen

Aufgabe

Rechne die folgenden Aufgaben am Zahlenstrahl, indem du vorgehst wie in den Beispielen auf dem Infoblatt „Der Zahlenstrahl – Addition und Subtraktion".

1. 99 + 54 =

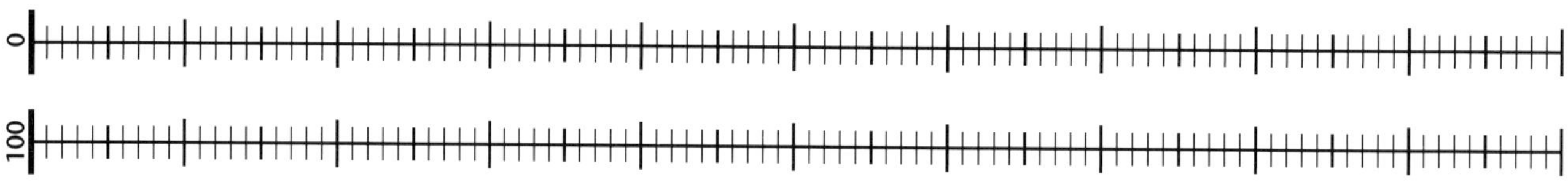

0

100

2. 345 – 278 =

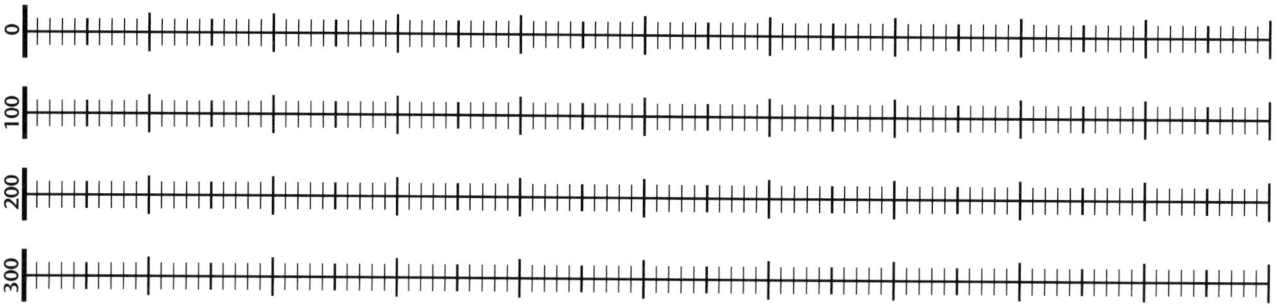

0

100

200

300

3. 143 + 29 =

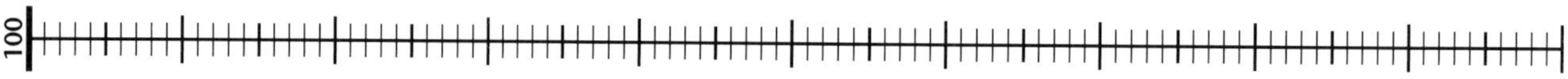

100

4. 78 – 37 =

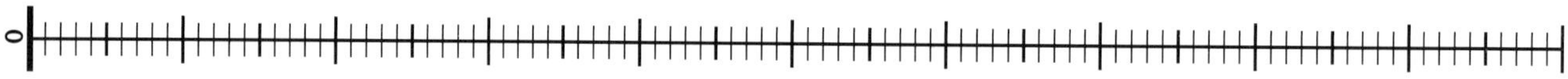

0

5. 199 + 237 =

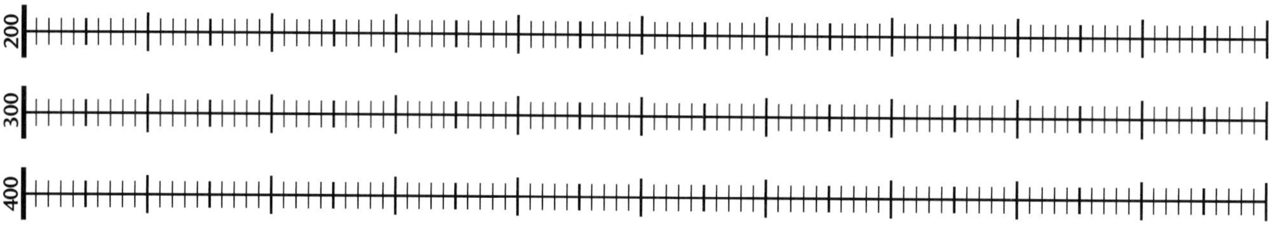

200

300

400

6. 256 – 189 =

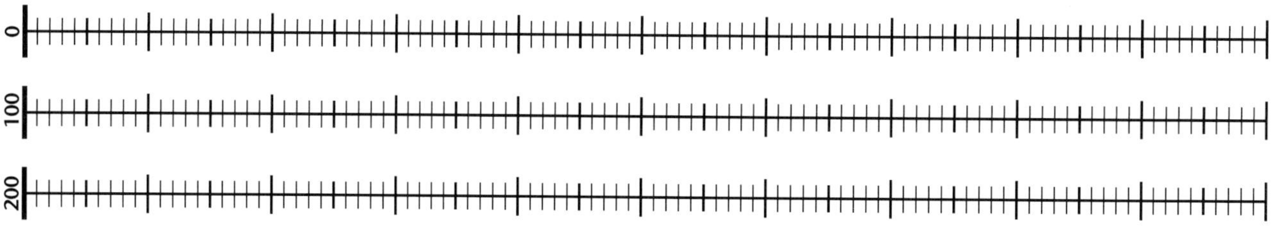

0

100

200

Der Zahlenstrahl – Addition und Subtraktion

1. 99 + 54 = 153

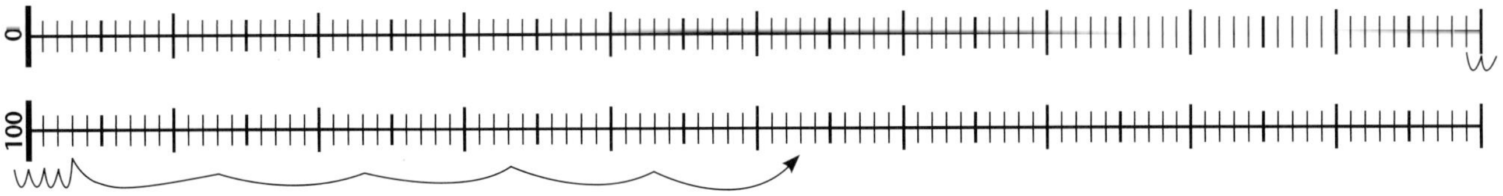

0

100

2. 345 – 278 = 67

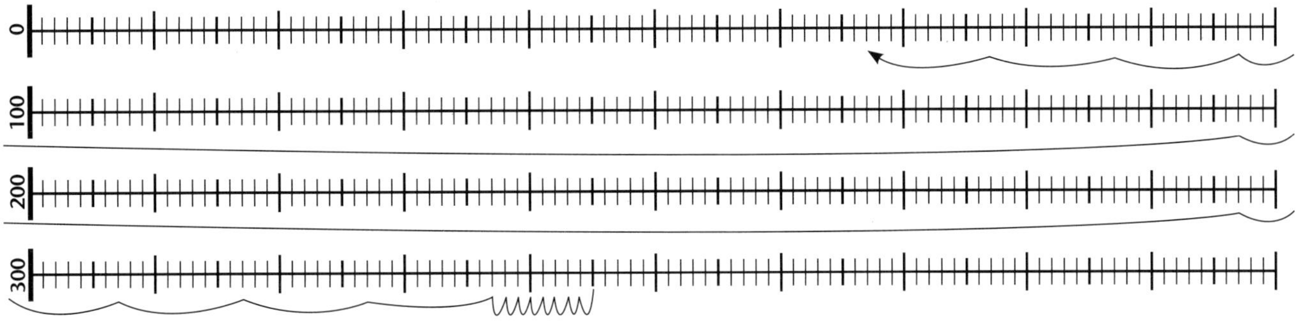

0

100

200

300

3. 143 + 29 = 172

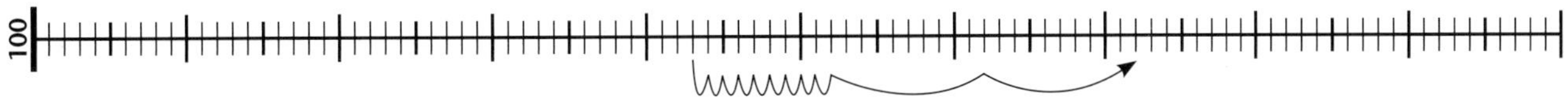

100

4. 78 – 37 = 41

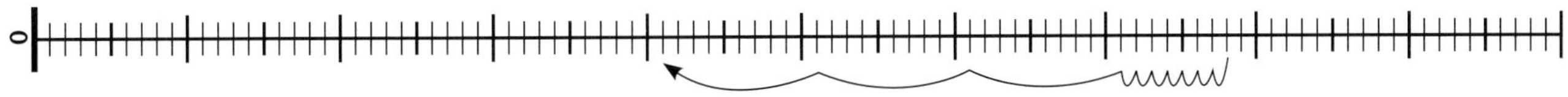

0

5. 199 + 237 = 436

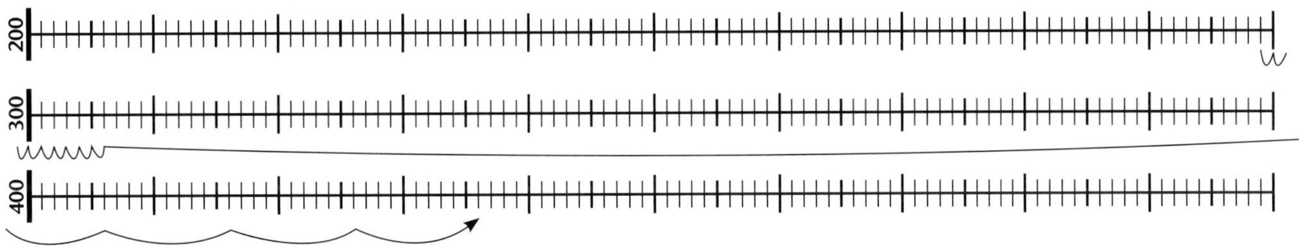

200

300

400

6. 256 – 189 = 67

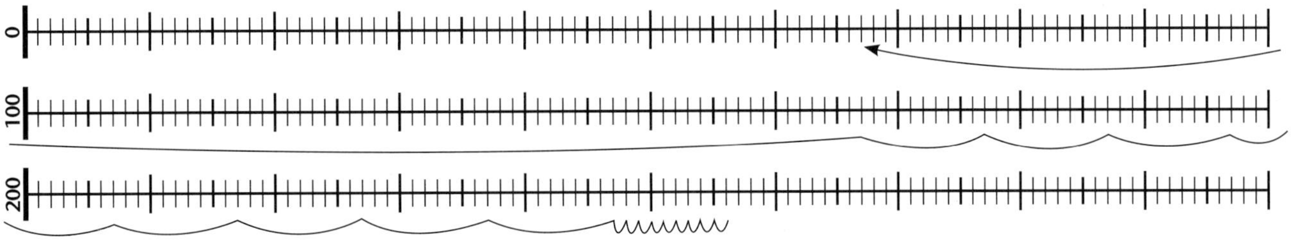

0

100

200

 ISBN 978-3-8346-3059-9 | www.verlagruhr.de

Der Zahlenstrahl – Multiplikation und Division

Arbeiten mit Veranschaulichungshilfen

Anhand der folgenden Beispiele siehst du, wie du Rechenaufgaben mithilfe des Zahlenstrahls lösen kannst.

1. 6 • 3 = 18; 3 • 6 = 18

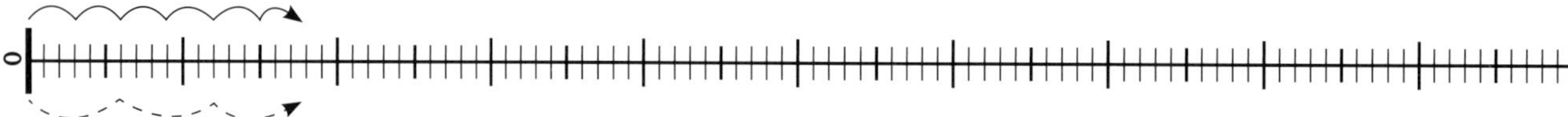

2. 18 : 3 = 6; 18 : 6 = 3

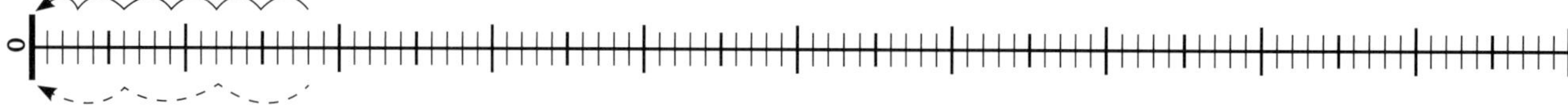

3. 9 • 7 = 63; 7 • 9 = 63

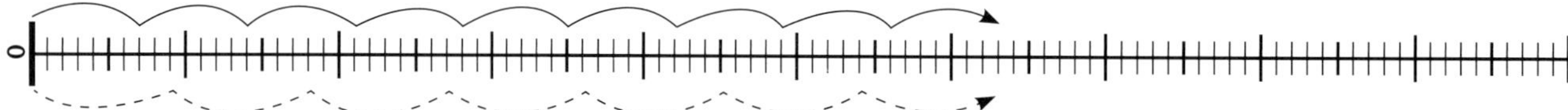

4. 63 : 7 = 9; 63 : 9 = 7

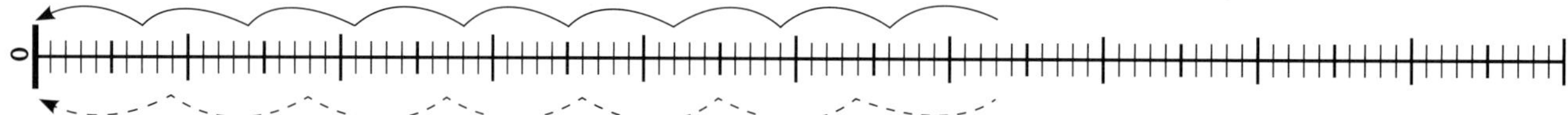

5. 12 • 4 = 48; 4 • 12 = 48

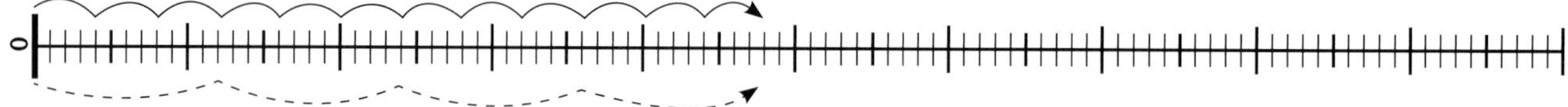

6. 11 • 7 = 77 ; 7 • 11 = 77

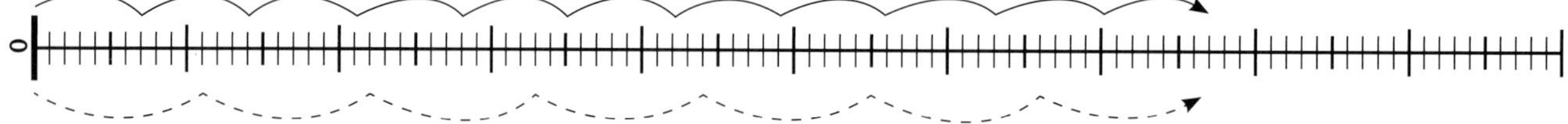

Der Zahlenstrahl – Multiplikation und Division

Aufgabe

Bearbeite die Aufgaben am Zahlenstrahl, indem du vorgehst wie in den Beispielen auf dem Infoblatt „Der Zahlenstrahl – Multiplikation und Division“.

1. 5 · 4 =

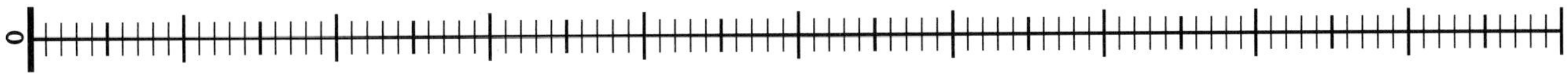

0

2. 8 · 7 =

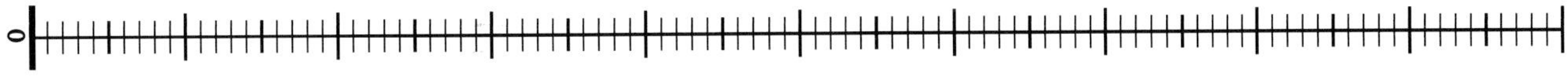

0

3. 7 · 7 =

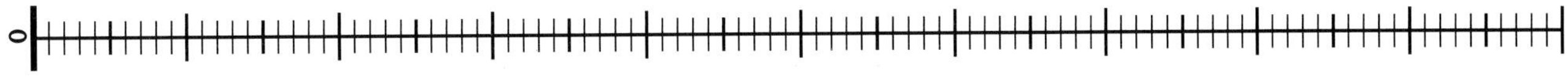

0

4. 54 : 9 =

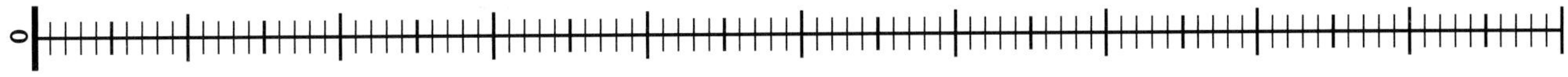

0

5. 99 : 9 =

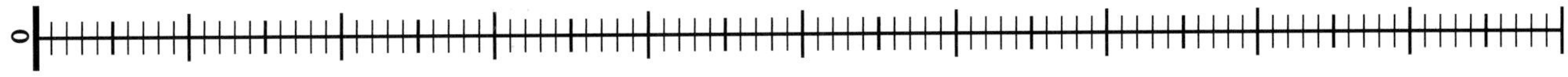

0

6. 120 : 10 =

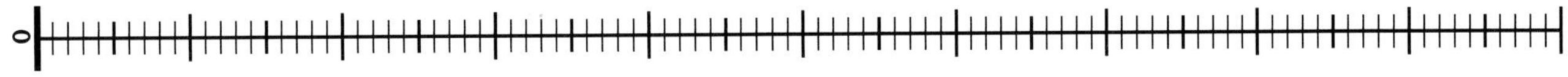

0

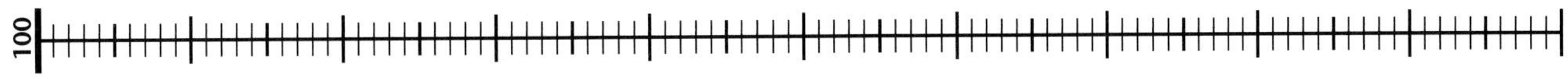

100

7. 121 : 11 =

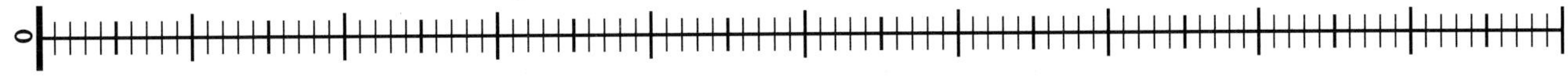

0

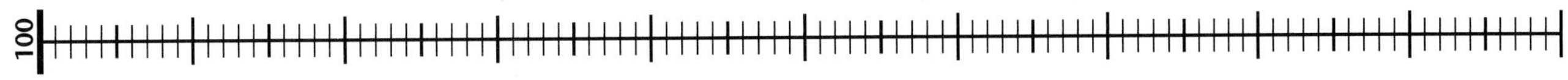

100

8. 81 : 9 =

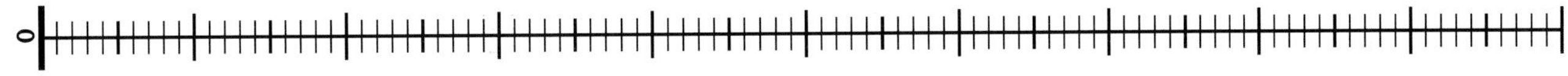

0

Der Zahlenstrahl – Multiplikation und Division

Aufgabe

Bearbeite die Aufgaben am Zahlenstrahl, indem du vorgehst wie in den Beispielen auf dem Infoblatt „Der Zahlenstrahl – Multiplikation und Division".

1. 5 • 4 = 20

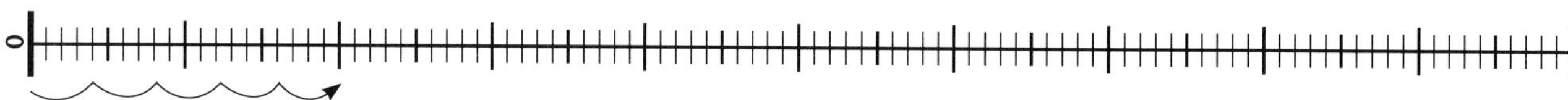

2. 8 • 7 = 56

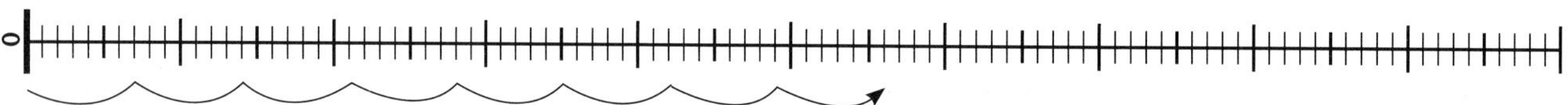

3. 7 • 7 = 49

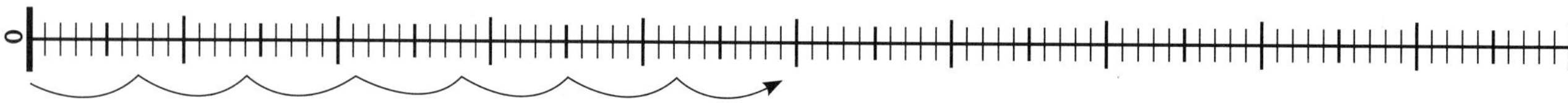

4. 54 : 9 = 6

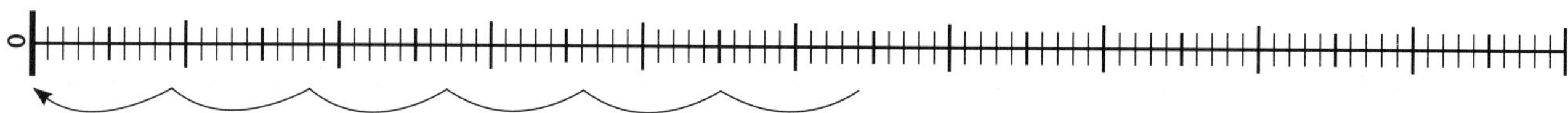

5. 99 : 9 = 11

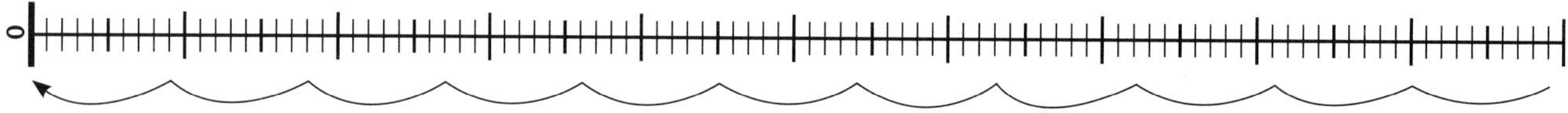

6. 120 : 10 = 12

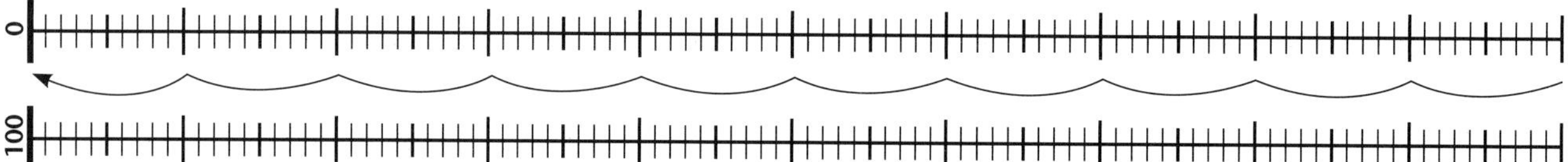

7. 121 : 11 = 11

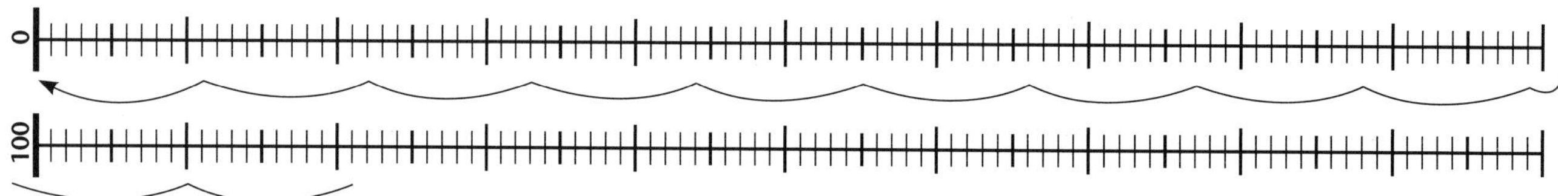

8. 81 : 9 = 9

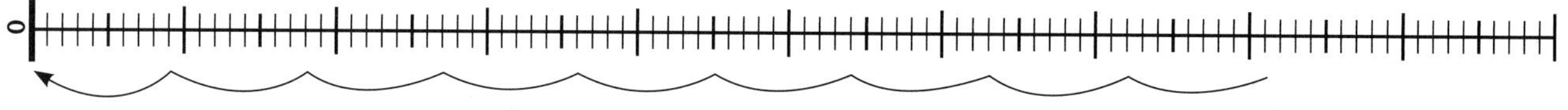

Der Zahlenstrahl – Blanko-Vorlage

Arbeiten mit Veranschaulichungshilfen

0

0

0

0

0

0

0

0

0

100

200

300

400

500

600

700

800

900

Abb. Kopfzeile: © Verlag an der Ruhr | ISBN 978-3-8346-3059-9 | www.verlagruhr.de

Die Zahlenstraße

Anmerkung Eine Zahlenstraße lässt sich mit allen beliebigen Zahlen und errechneten Ergebnissen verwenden und dient der Verdeutlichung der inneren Zahlenordnung (innerer Zahlenstrahl) des Schülers.

Material
- eine Schnur
- beliebige Anzahl Papier oder Pappe (DIN A4 oder DIN A5), ideal sind drei bis fünf Blatt pro Schüler
- Wäscheklammern in gleicher Anzahl wie die Papiere bzw. Pappen
- pro Schüler ein Filzschreiber

Dauer beliebig

Ziel Verinnerlichung von Zahlen- und Größenverhältnissen

Vorbereitung Eine Schnur wird in einer Höhe durch das Klassenzimmer gespannt, die für jeden Schüler noch gut zu erreichen ist. Die Schüler erhalten eine beliebige Anzahl Papier oder Pappe sowie je einen Filzschreiber.

So geht's
1. Geben Sie den Schülern einen Zahlenraum vor (z. B. bis 1 000).
2. Die Schüler knicken ihre Blätter nun in der Mitte. Auf jedes Blatt schreibt jeder Schüler nun genau eine beliebige Zahl im vorgegebenen Zahlenraum. Zur Vermeidung von Dopplungen empfiehlt es sich, kleine Gruppen zu bilden, die einige Zahlen in einem kleineren Zahlenraum aufschreiben sollen (z. B. Gruppe 1 von 10 bis 30, Gruppe 2 von 30 bis 50 etc.).
3. Anschließend hängen die Schüler ihre Zahlen mithilfe von Wäscheklammern an die Schnur. Dabei ordnen sie sie von links nach rechts nach ihrer Größe.

Variante Die Zahlenstraße kann auch mit den Ergebnissen von Aufgaben ergänzt werden.

Das Hunderterfeld

Anmerkung

Sowohl zur Addition und zur Subtraktion als auch zum Rechnen mit Variablen sowie zur Erweiterung des Zahlenraums bis 1000 und größer erhalten Sie auf den folgenden Seiten Übungsblätter, die zunächst anhand von ein oder zwei Beispielen verdeutlichen, wie die Hunderterfelder beim Lösung von Aufgaben helfen können, bevor dann die Übungen folgen, in denen die Schüler das Gelernte selbst anwenden.
Ihnen sollen die Übungen dabei in erster Linie als Anregung für Ihren (Förder-)Unterricht dienen: Auf S. 86 finden Sie ein **Übungsblatt mit Hunderterfeldern als Blanko-Vorlagen**, zu dem Sie Ihren Schülern beliebige, ganz individuell gestaltete Aufgaben stellen können.

Material

- pro Schüler eine Kopie des entsprechenden **Übungsblattes** entweder zur **Addition** (S. 70–71), zur **Subtraktion** (S. 74–75), zum **Rechnen mit Variablen** (S. 77–81) oder zum **Zahlenraum bis 1000 und größer** (S. 84) sowie ein Stift
- das ausgewählte Übungsblatt auf Folie oder per Beamer an die Wand projiziert oder an die Tafel gezeichnet

Dauer

15–30 Minuten

Ziel

- Addition und Subtraktion von zweistelligen Zahlen mit Zehner- und Hunderterüberschreitung üben
- Rechnen mit Variablen einführen

So geht's

1. Jeder Schüler hat das entsprechende Übungsblatt vor sich.
2. Gemeinsam mit den Schülern besprechen Sie das Beispiel und stellen sicher, dass den Schülern das Vorgehen am Hunderterfeld deutlich geworden ist.
3. Die Schüler bearbeiten dann die Aufgaben, indem sie die Rechenwege auf den Hunderterfeldern eintragen.
4. Am Ende vergleichen alle Schüler mithilfe des entsprechenden **Lösungsblattes „Addition"** (S. 72–73), **„Subtraktion"** (S. 76), **„Rechnen mit Variablen"** (S. 82–83) oder **„Zahlenraum bis 1000 und größer"** (S. 85) die Ergebnisse.

Das Hunderterfeld – Addition

Beispiel 1: 46 + 35 = 81

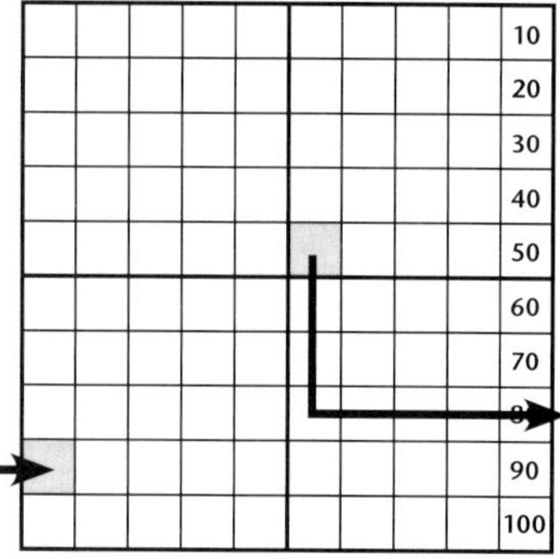

Beispiel 2: 61 + 77 = 138

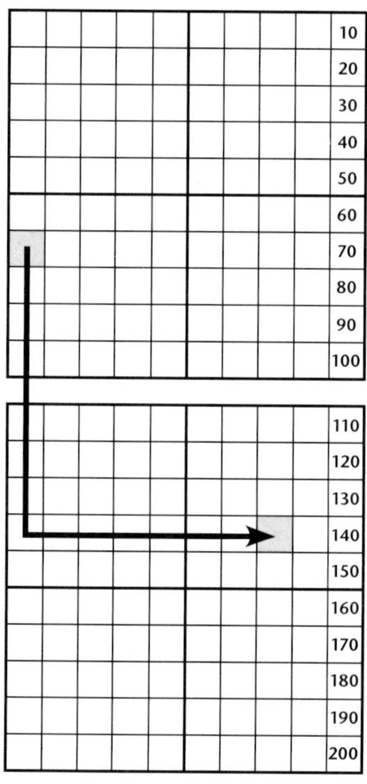

Aufgabe

Rechne die Aufgaben am Hunderterfeld, indem du vorgehst wie im Beispiel: zuerst die Zehnerschritte und dann die Einer.

1. 68 + 27 =

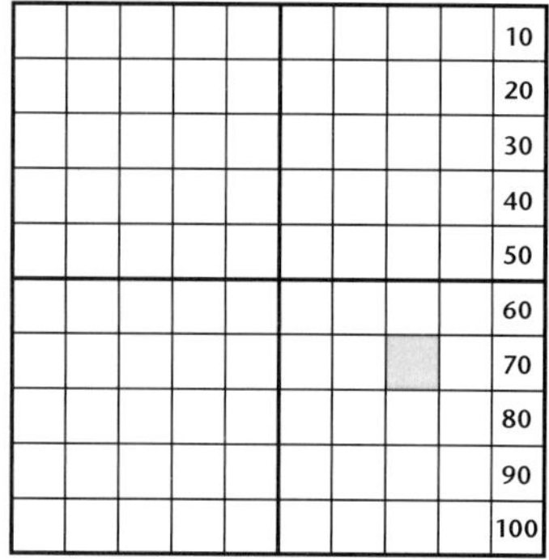

2. 89 + 34 =

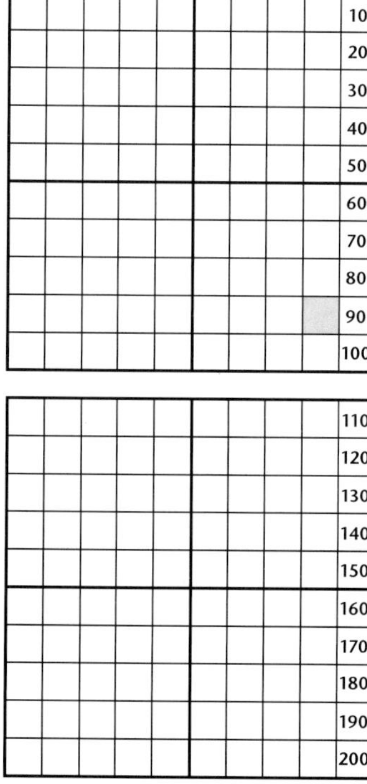

Das Hunderterfeld – Addition

3. 124 + 456 =

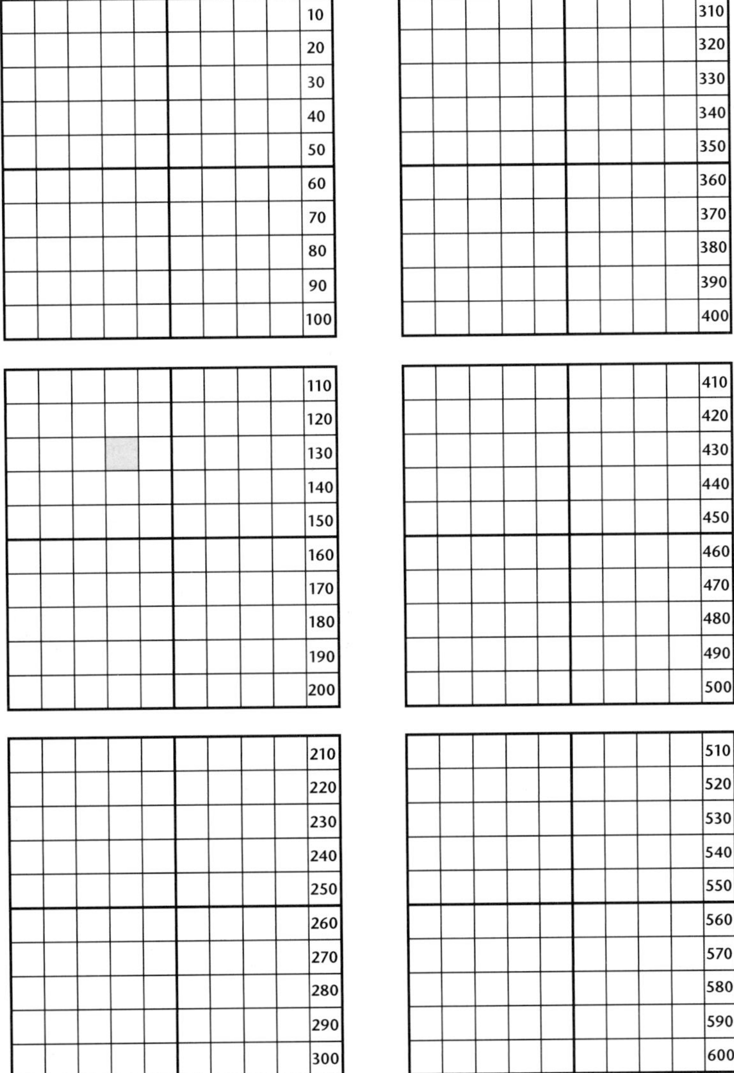

Das Hunderterfeld – Addition

1. 68 + 27 = 95

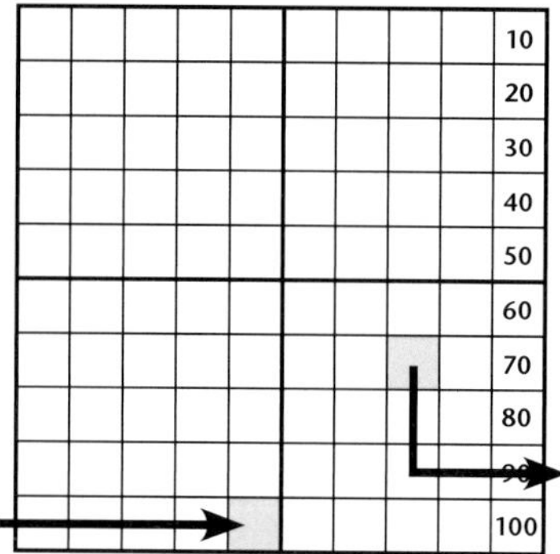

2. 89 + 34 = 123

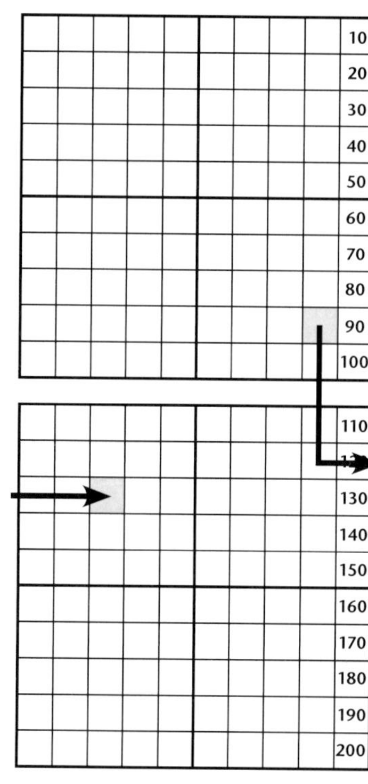

Das Hunderterfeld – Addition

3. 124 + 456 = 580

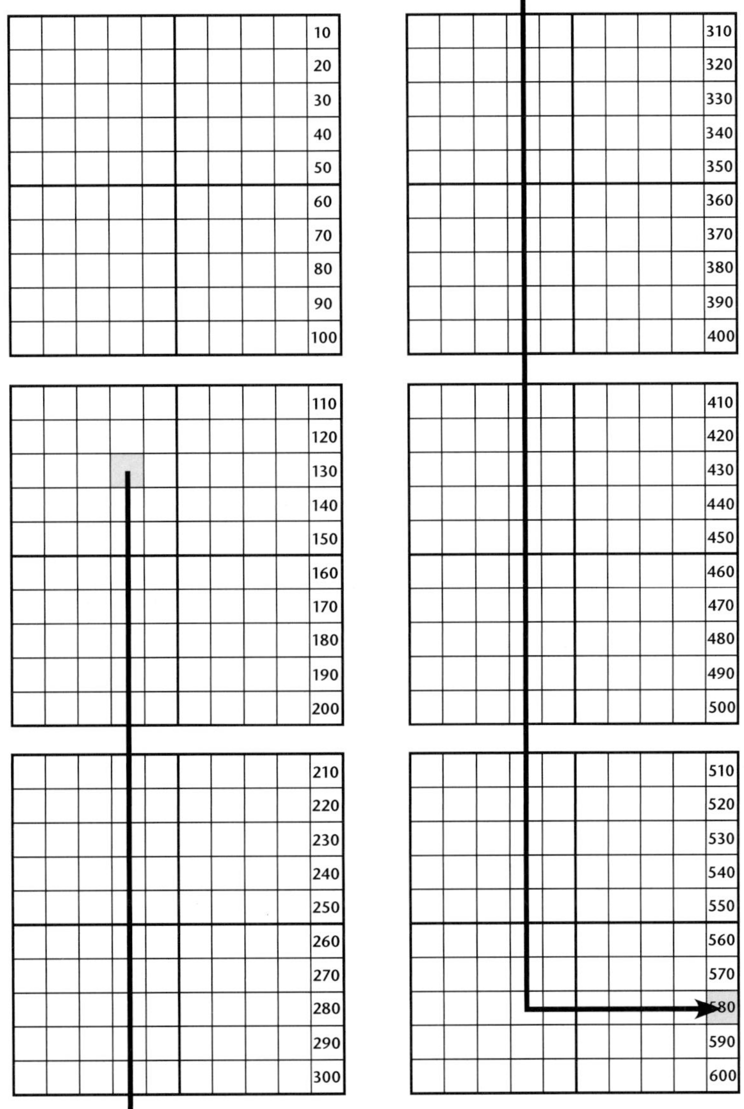

 ISBN 978-3-8346-3059-9 | www.verlagruhr.de

Das Hunderterfeld – Subtraktion

Beispiel 1: 68 – 32 = 36

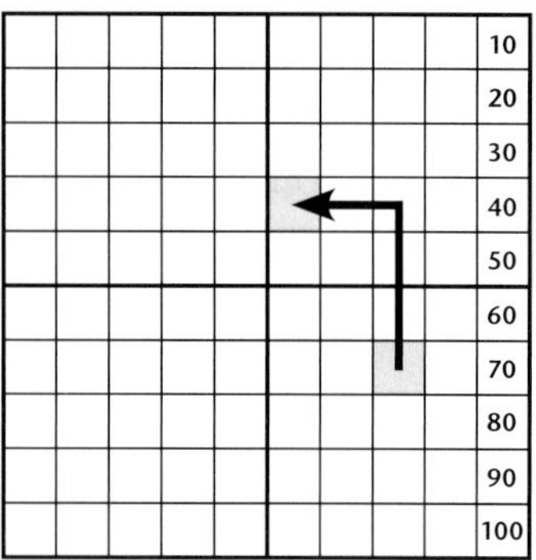

Beispiel 2: 232 – 126 = 106

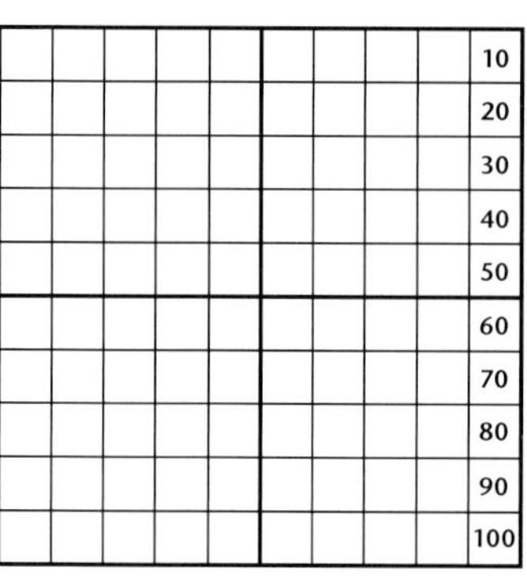

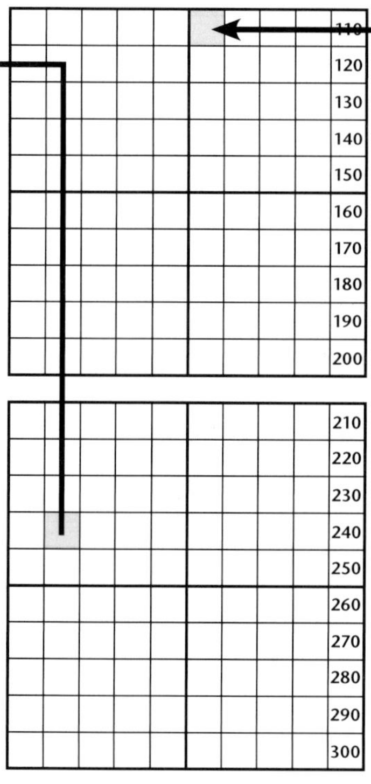

Aufgaben

Rechne die folgenden Aufgaben an den Hunderterfeldern, indem du vorgehst wie in den Beispielen: zuerst die Hunderter, dann die Zehner, dann die Einer.

1. 57 – 34 =

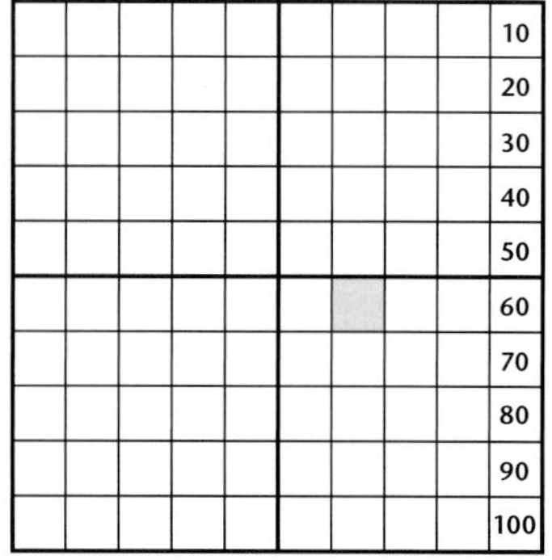

Das Hunderterfeld – Subtraktion

2. 135 – 76 =

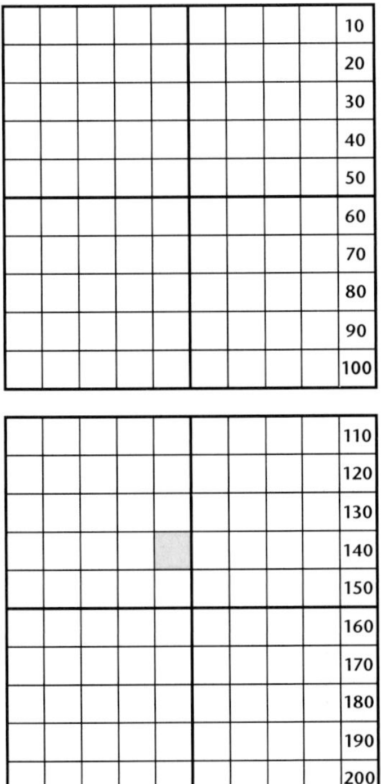

3. 386 – 131 =

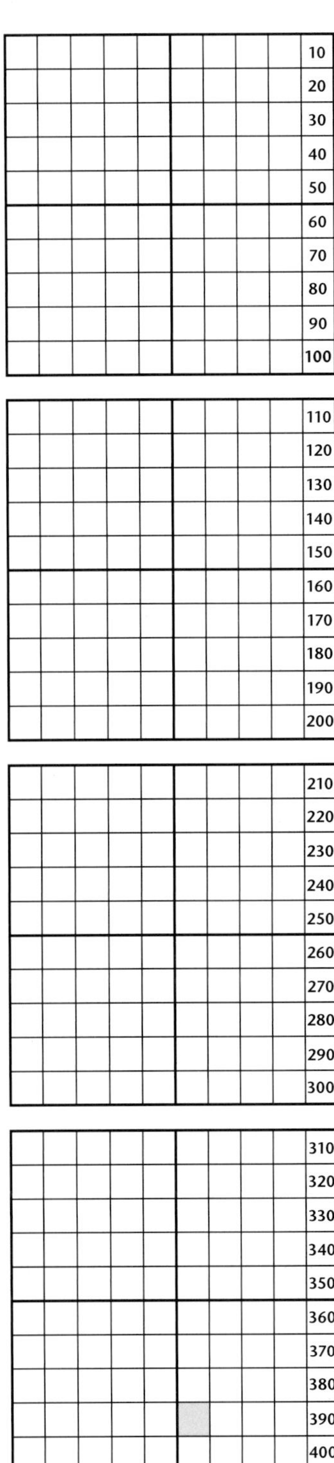

Das Hunderterfeld – Subtraktion

1. 57 – 34 = 23

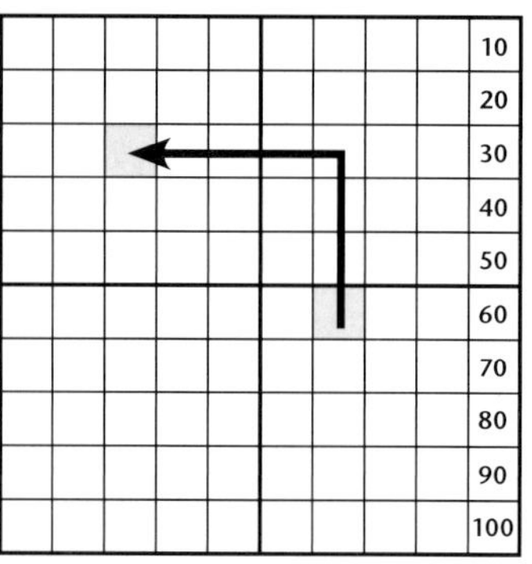

2. 135 – 76 = 59

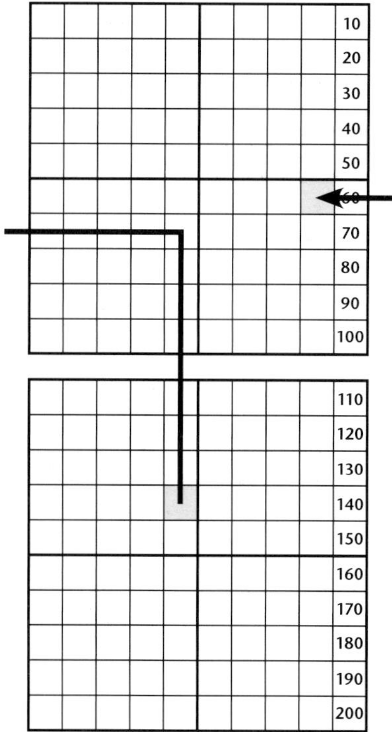

3. 386 – 131 = 255

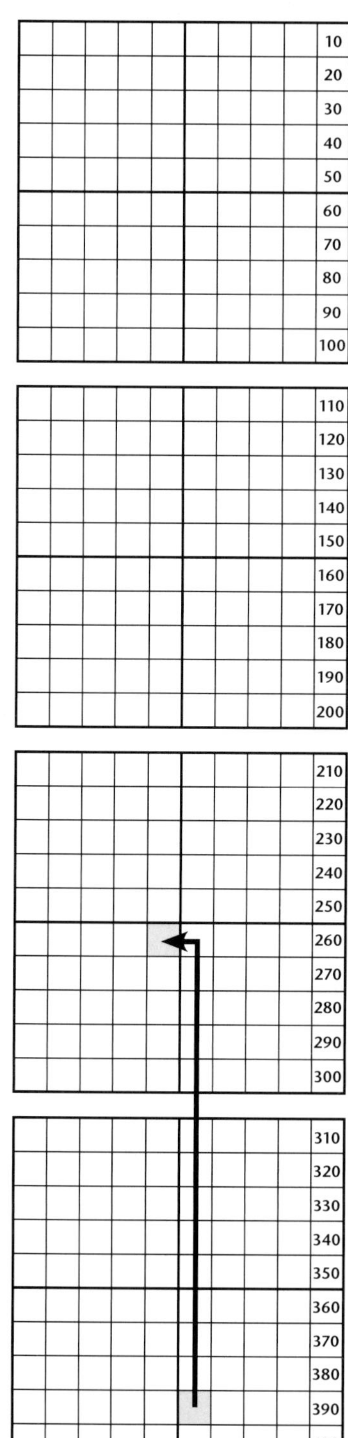

Das Hunderterfeld – Rechnen mit Variablen

Beispiel 1: 675 + x = 730
x = 55, denn 675 + 55 = 730

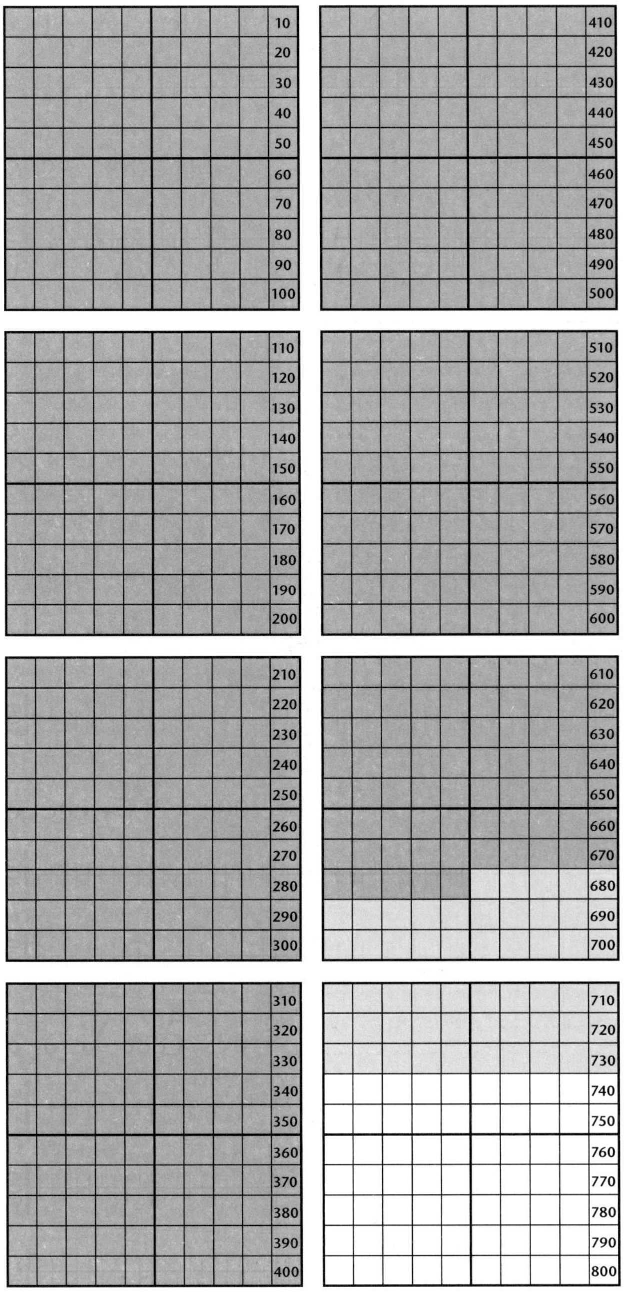

Beispiel 2: 899 – x = 464
x = 435, denn 899 – 435 = 464

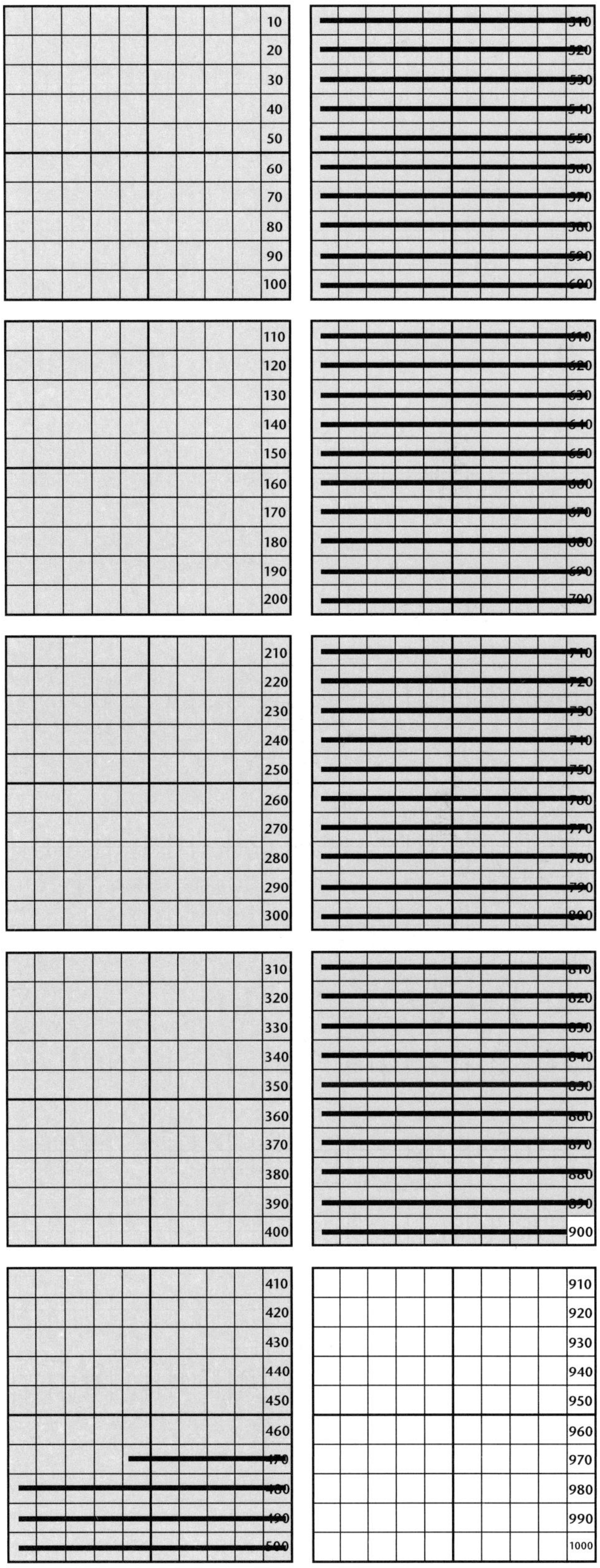

 ISBN 978-3-8346-3059-9 | www.verlagruhr.de

Das Hunderterfeld – Rechnen mit Variablen

Aufgaben

Löse die Gleichung, indem du vorgehst wie in den Beispielen auf der ersten Seite.

1. 678 + x = 1 000

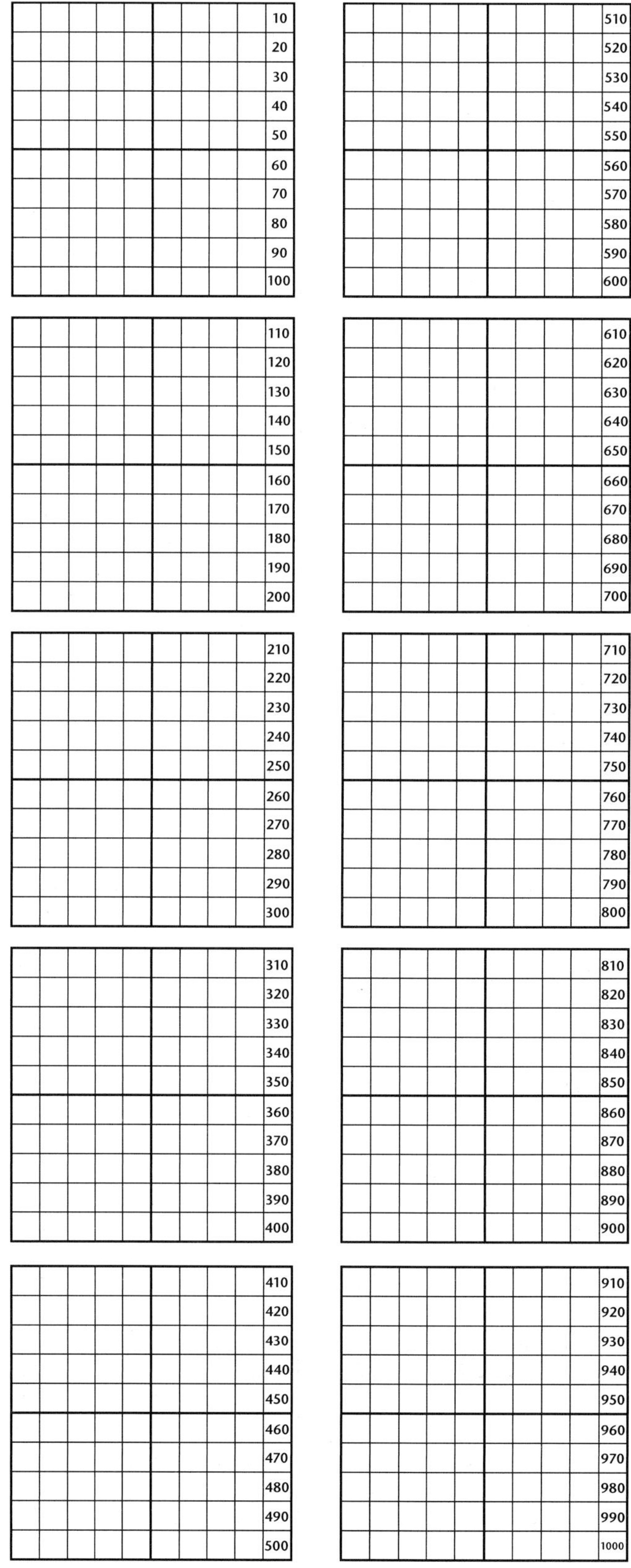

Abb. Kopfzeile: © Verlag an der Ruhr | ISBN 978-3-8346-3059-9 | www.verlagruhr.de

Das Hunderterfeld – Rechnen mit Variablen

2. 365 + x = 875

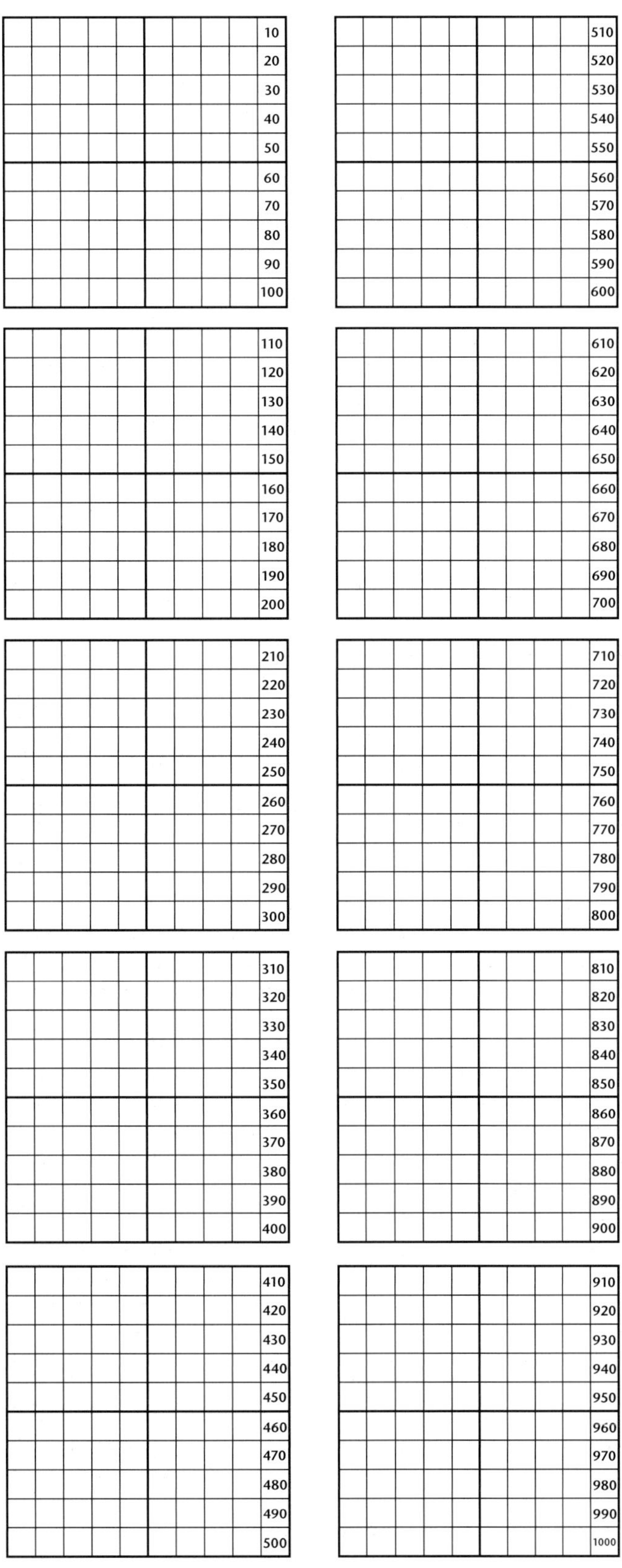

Das Hunderterfeld – Rechnen mit Variablen

3. 1000 – x = 645

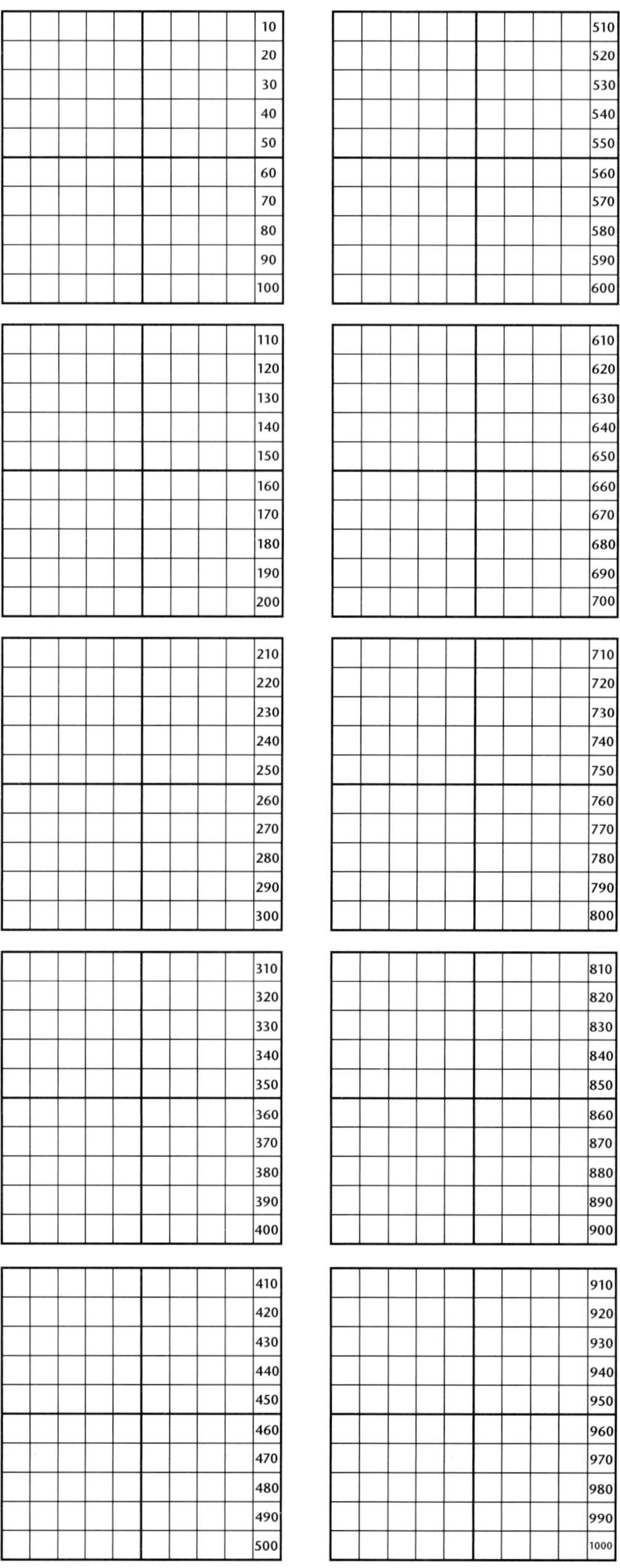

Das Hunderterfeld – Rechnen mit Variablen

4. 756 – x = 345

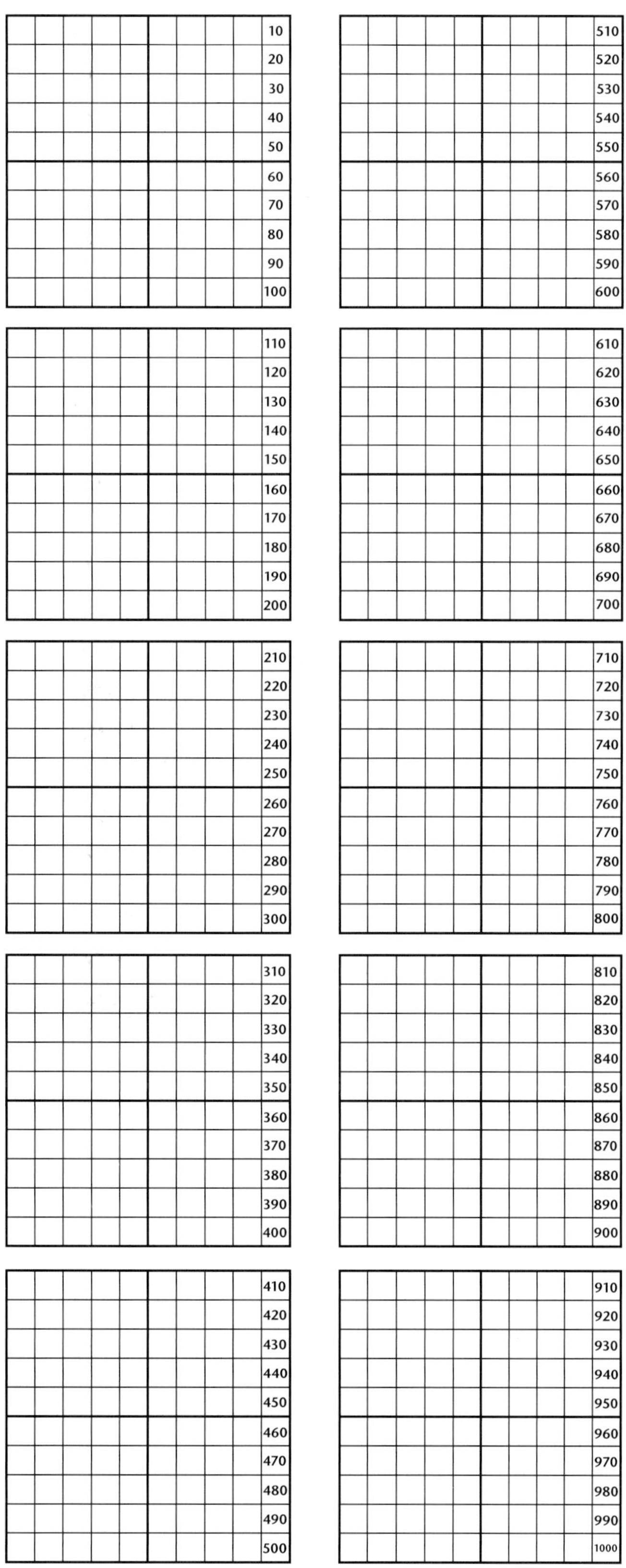

 ISBN 978-3-8346-3059-9 | www.verlagruhr.de

Das Hunderterfeld – Rechnen mit Variablen

1. 678 + 322 = 1 000

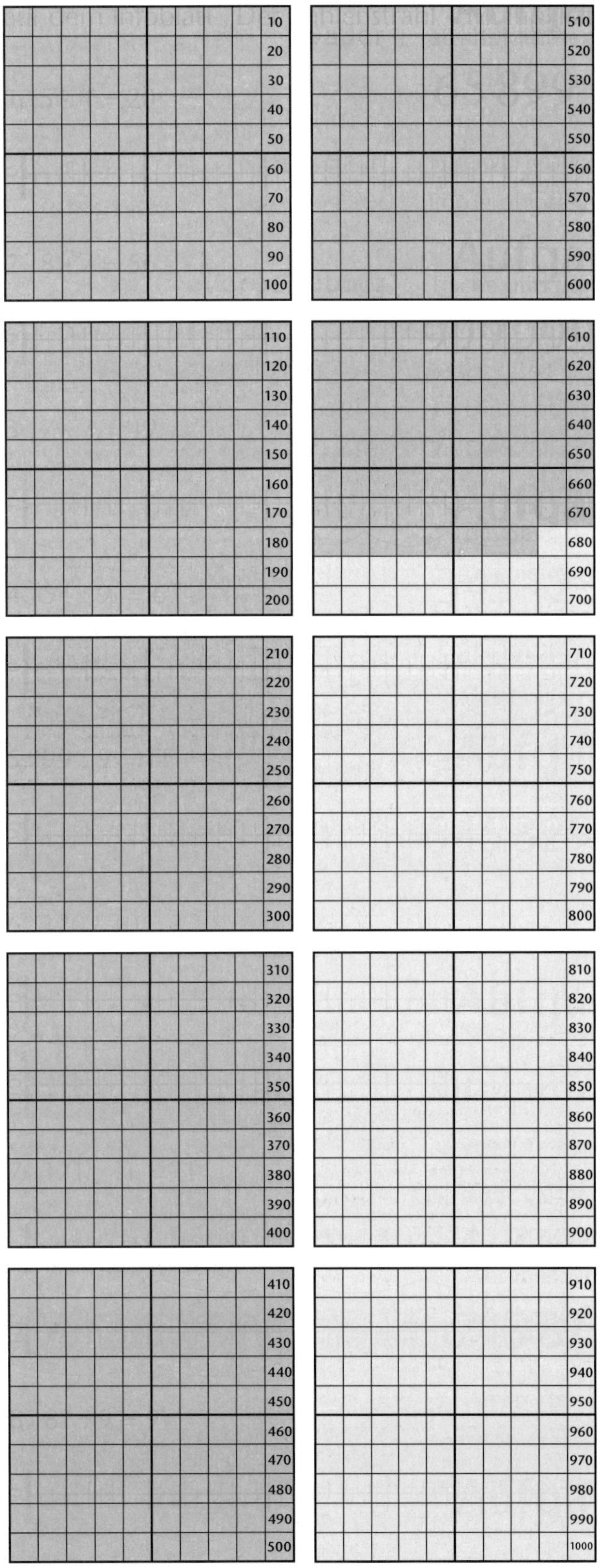

10 20 30 40 50 60 70 80 90 100
110 120 130 140 150 160 170 180 190 200
210 220 230 240 250 260 270 280 290 300
310 320 330 340 350 360 370 380 390 400
410 420 430 440 450 460 470 480 490 500
510 520 530 540 550 560 570 580 590 600
610 620 630 640 650 660 670 680 690 700
710 720 730 740 750 760 770 780 790 800
810 820 830 840 850 860 870 880 890 900
910 920 930 940 950 960 970 980 990 1000

2. 365 + 510 = 875

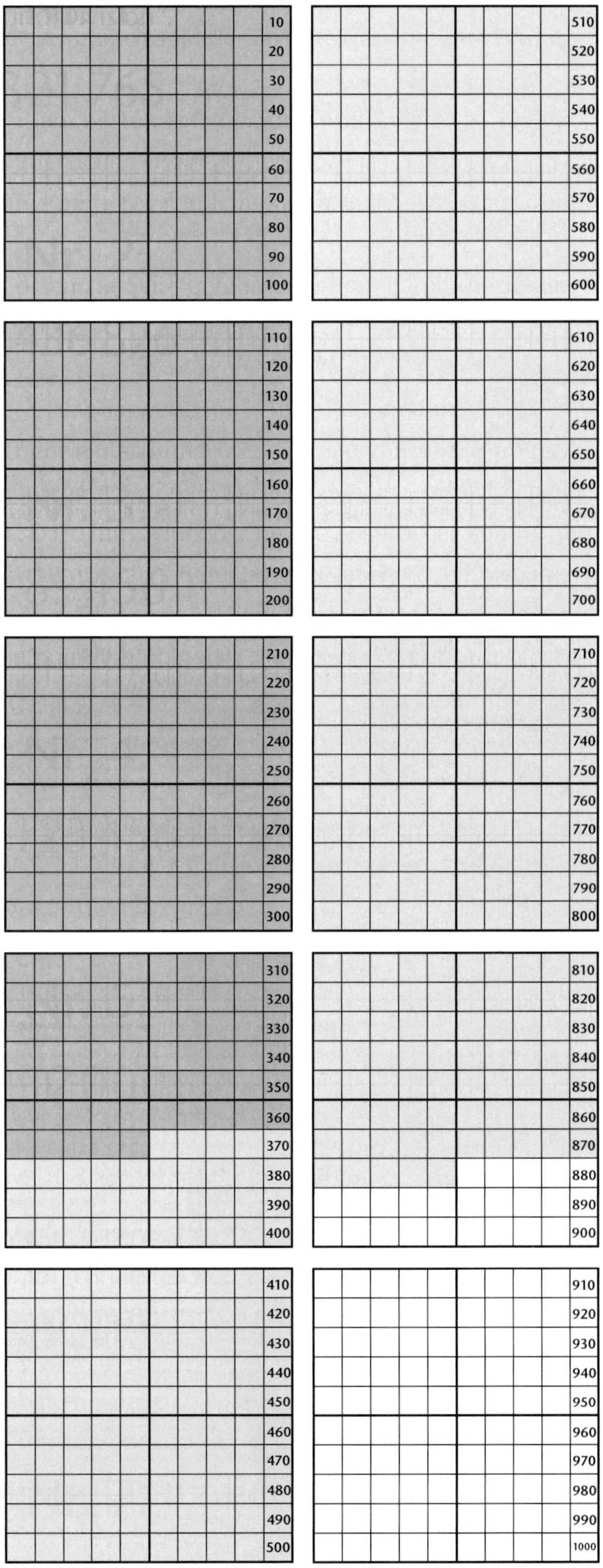

10 20 30 40 50 60 70 80 90 100
110 120 130 140 150 160 170 180 190 200
210 220 230 240 250 260 270 280 290 300
310 320 330 340 350 360 370 380 390 400
410 420 430 440 450 460 470 480 490 500
510 520 530 540 550 560 570 580 590 600
610 620 630 640 650 660 670 680 690 700
710 720 730 740 750 760 770 780 790 800
810 820 830 840 850 860 870 880 890 900
910 920 930 940 950 960 970 980 990 1000

Abb. Kopfzeile: © Verlag an der Ruhr | ISBN 978-3-8346-3059-9 | www.verlagruhr.de

Das Hunderterfeld – Rechnen mit Variablen

3. 1000 – 355 = 645

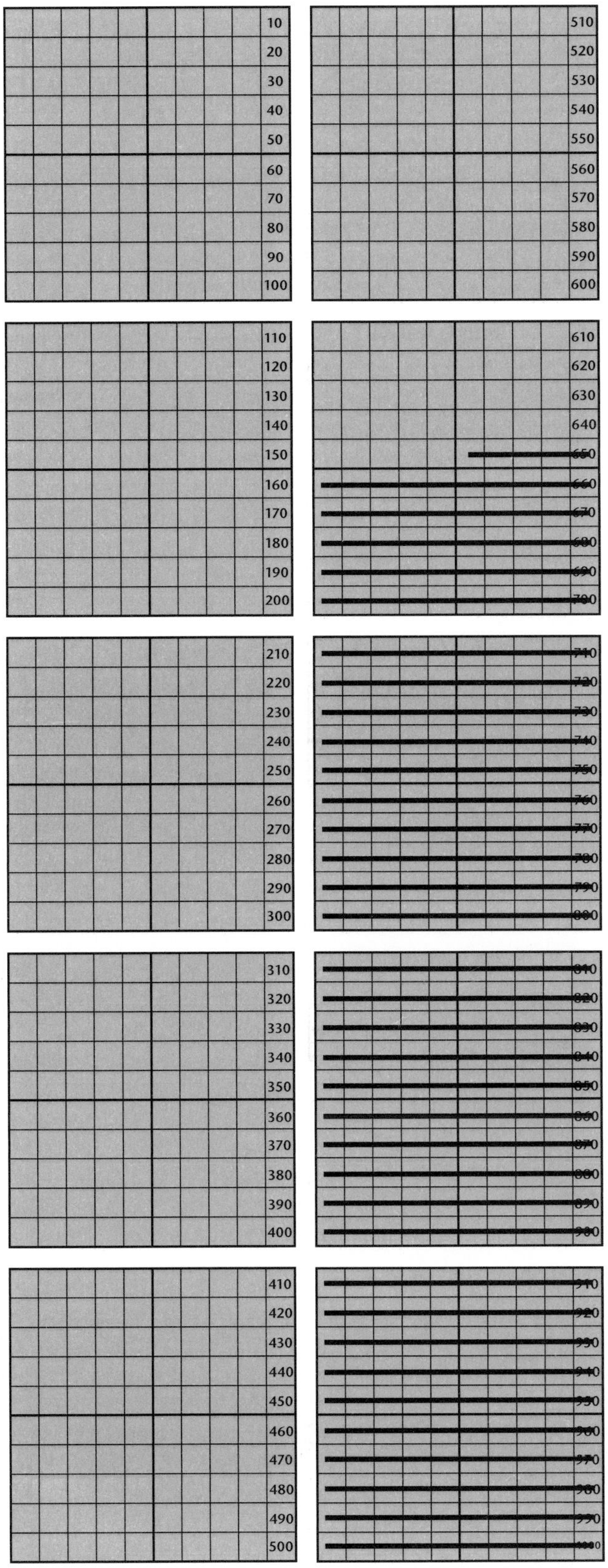

10 20 30 40 50 60 70 80 90 100

110 120 130 140 150 160 170 180 190 200

210 220 230 240 250 260 270 280 290 300

310 320 330 340 350 360 370 380 390 400

410 420 430 440 450 460 470 480 490 500

510 520 530 540 550 560 570 580 590 600

610 620 630 640 650 660 670 680 690 700

710 720 730 740 750 760 770 780 790 800

810 820 830 840 850 860 870 880 890 900

910 920 930 940 950 960 970 980 990 1000

4. 756 – 411 = 345

10 20 30 40 50 60 70 80 90 100

110 120 130 140 150 160 170 180 190 200

210 220 230 240 250 260 270 280 290 300

310 320 330 340 350 360 370 380 390 400

410 420 430 440 450 460 470 480 490 500

510 520 530 540 550 560 570 580 590 600

610 620 630 640 650 660 670 680 690 700

710 720 730 740 750 760 770 780 790 800

810 820 830 840 850 860 870 880 890 900

910 920 930 940 950 960 970 980 990 1000

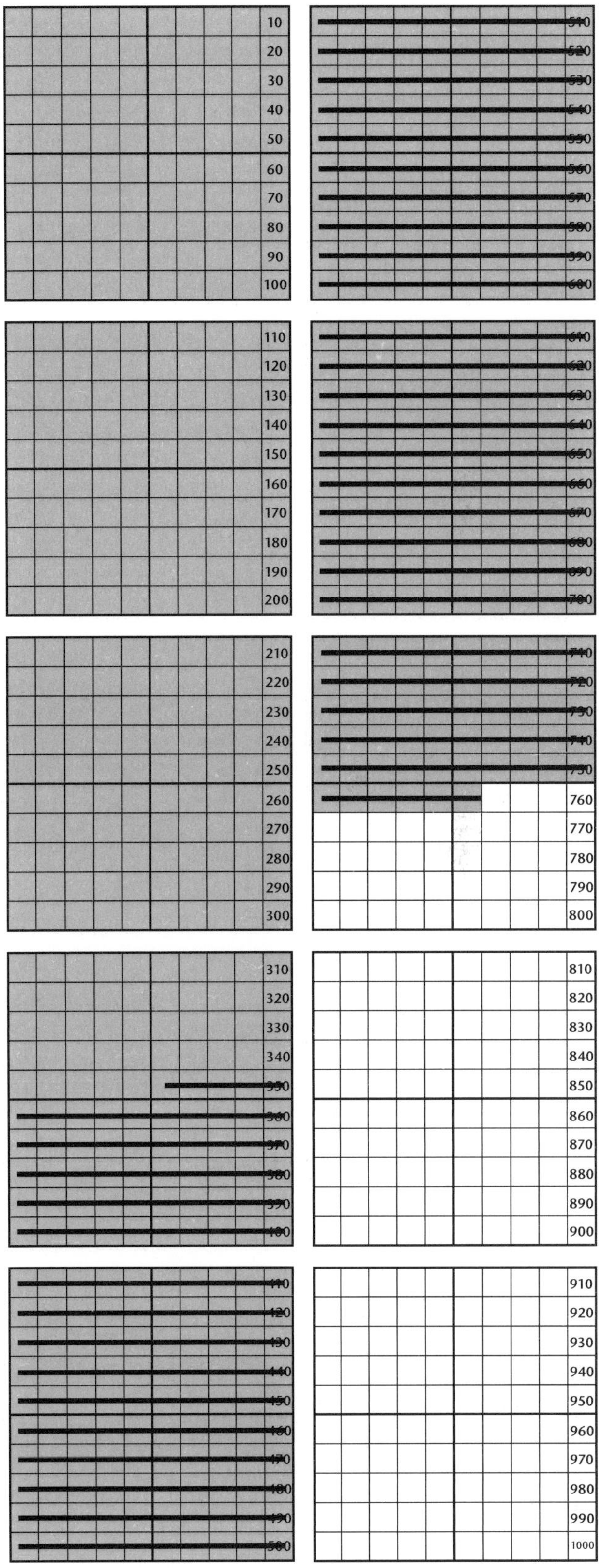

Das Hunderterfeld – Zahlenraum bis 1000 und größer

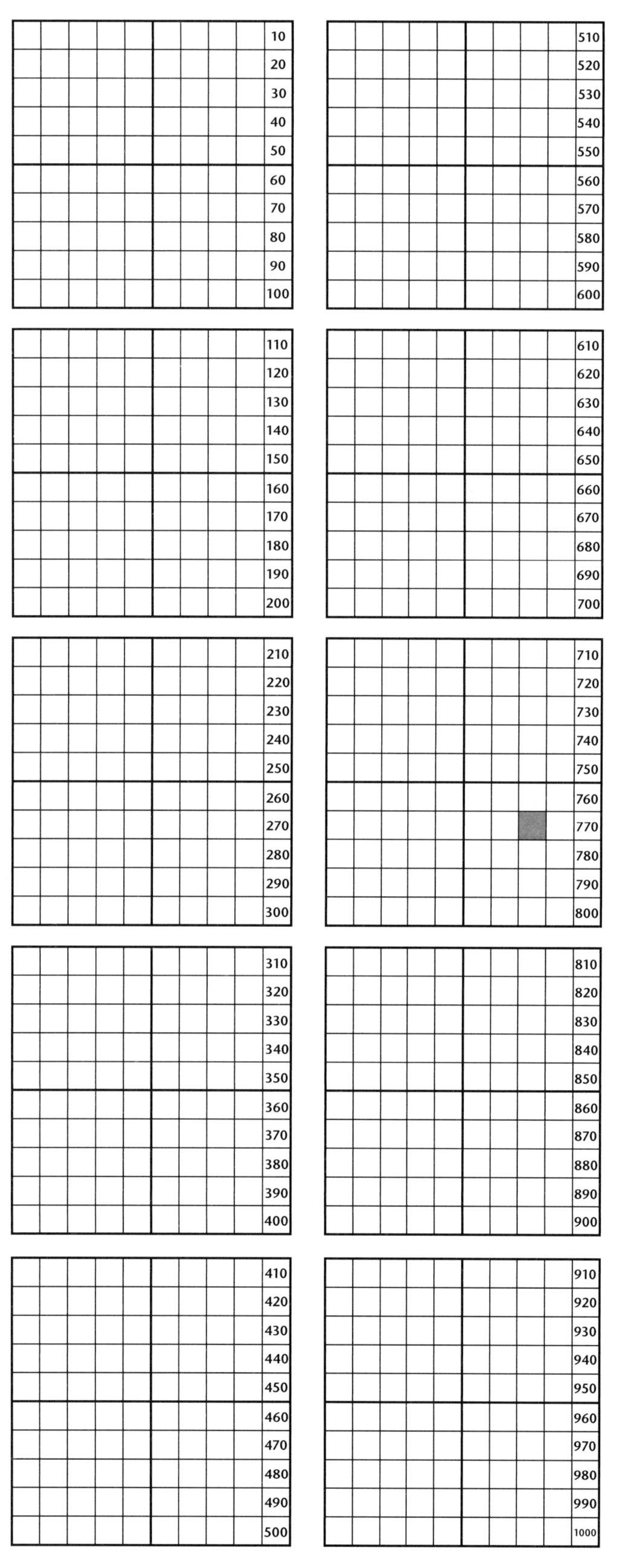

Aufgaben

1. Wie heißt die Zahl? ....
2. Wie heißt der Vorgänger?

   Färbe ihn ein und notiere: ....
3. Wie heißt der Nachfolger?

   Färbe ihn ein und notiere: ....
4. Wie heißt der Zehnervorgänger?

   Färbe ihn ein und notiere: ....
5. Wie heißt der Zehnernachfolger?

   Färbe ihn ein und notiere: ....
6. Wie heißt der Hundertervorgänger?

   Färbe ihn ein und notiere: ....
7. Wie heißt der Hunderternachfolger?

   Färbe ihn ein und notiere: ....

Das Hunderterfeld – Zahlenraum bis 1000 und größer

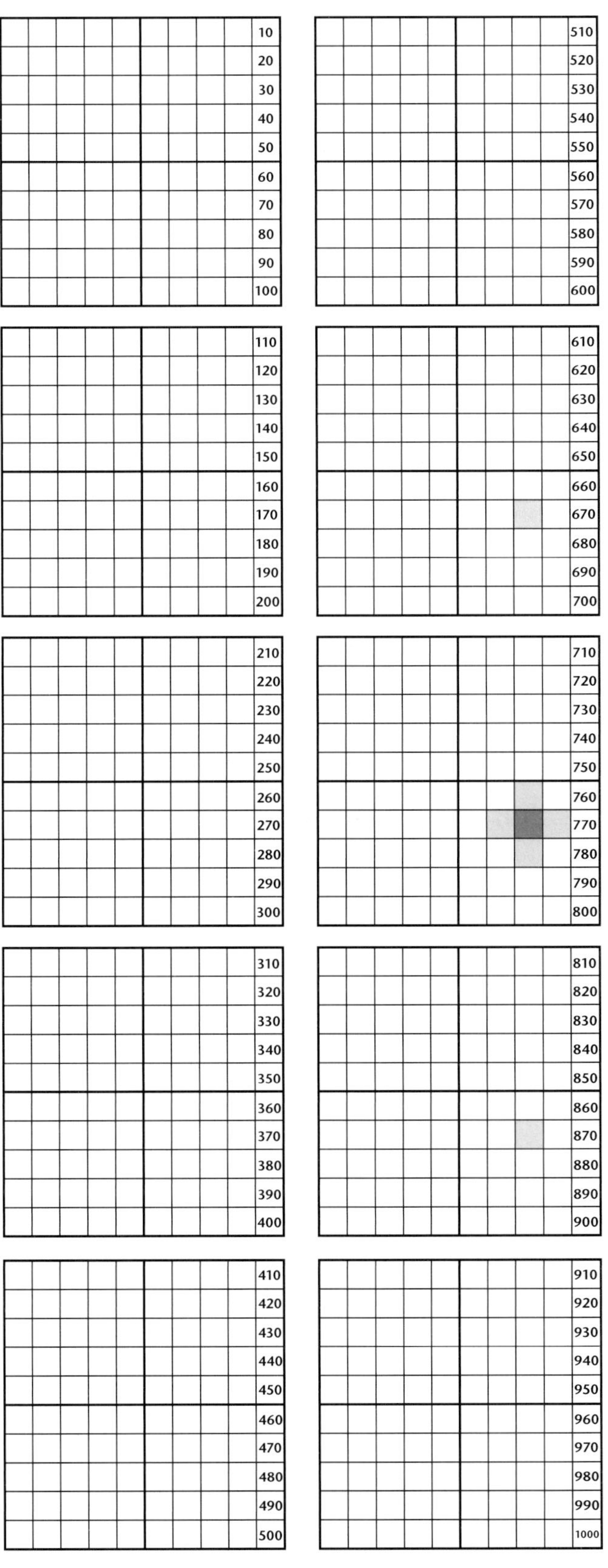

Aufgaben

1. Wie heißt die Zahl? .... 768 ....
2. Wie heißt der Vorgänger?

   Färbe ihn ein und notiere: .... 767 ....
3. Wie heißt der Nachfolger?

   Färbe ihn ein und notiere: .... 769 ....
4. Wie heißt der Zehnervorgänger?

   Färbe ihn ein und notiere: .... 758 ....
5. Wie heißt der Zehnernachfolger?

   Färbe ihn ein und notiere: .... 778 ....
6. Wie heißt der Hundertervorgänger?

   Färbe ihn ein und notiere: .... 668 ....
7. Wie heißt der Hunderternachfolger?

   Färbe ihn ein und notiere: .... 868 ....

Hunderterfelder Blanko-Vorlage

Arbeiten mit Veranschaulichungshilfen

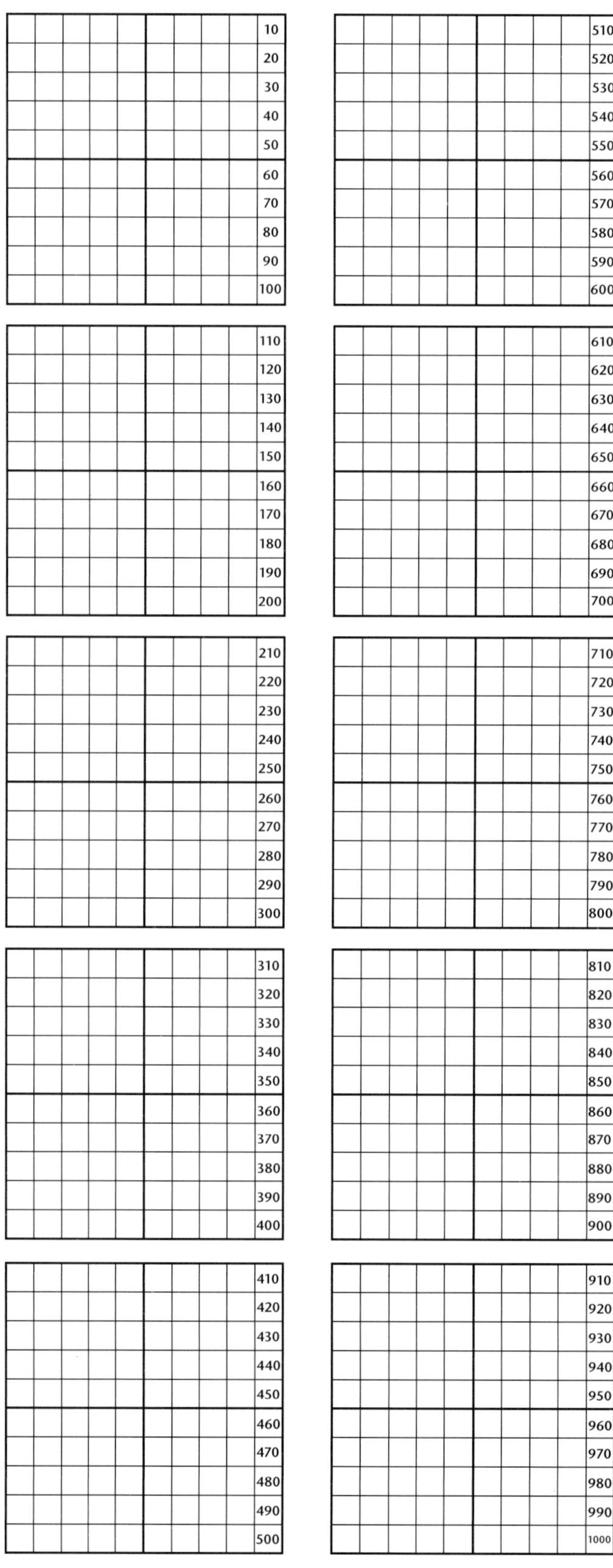

Multiplikation und Division mit Bällen

Anmerkung Die folgenden Arbeitsanregungen lassen sich mit kleinen Bällen, aber auch mit Würfeln, Holzblöcken, Steinen, Murmeln oder anderen Hilfsmaterialien durchführen.

Material Bälle oder anderes (die Anzahl hängt von dem höchsten Ergebnis ab, das Sie mit den Schülern errechnen wollen)

Dauer 15–20 Minuten

Alter 10 bis 13 Jahre

Ziel Multiplikation und Division üben

So geht's

1. Die Schüler sitzen im Kreis; bei größeren Materialien im Stuhlkreis mit Freiraum in der Mitte, bei kleineren Materialien um einen Tisch herum. Jeder Schüler braucht freie Sicht.
2. Legen Sie die Bälle (oder anderes) auf den Boden oder Tisch.
   - Bei Multiplikationen bilden Sie Gruppen: Legen Sie beispielsweise $4 \cdot 3$ Bälle aus und lassen Sie das Ergebnis als $3 + 3 + 3 + 3 = 12$ rechnen. Vermeiden Sie zählende Strategien, also das komplette Durchzählen aller Bälle.
   - Bei Divisionsaufgaben legen Sie das Ergebnis und zeigen, in welche gleich großen Gruppen die Bälle sich aufteilen lassen: Sie legen z. B. 36 Bälle auf den Boden oder Tisch und überlegen mit den Schülern, welche Gruppen sich herstellen lassen. Bei 36 wären das 4 Gruppen mit 9 Bällen (oder umgekehrt), 3 Gruppen mit 12 Bällen (und umgekehrt) usw.
3. Am Ende geben Sie eine beliebige Anzahl an Materialien frei und lassen die Schüler selbstständig Multiplikations- und Divisionsaufgaben legen.

Variante Arbeiten Sie mit kleinen Sachaufgaben. Beispiel: Ein Schüler erhält den Auftrag, die Bälle an eine bestimmte Anzahl von Schülern der Gruppe zu verteilen („Teile die 24 Bälle zu gleichen Teilen unter Tom, Said, Anne und Zeynep auf.“).

Das richtige Lesen und Lösen von Sachaufgaben

Sachaufgaben sind gar nicht so schrecklich, wenn du dir die Zeit nimmst, dich mit ihnen zu beschäftigen. Es hilft dir, wenn du dir eine Methode antrainierst, mit der du immer an die Aufgaben herangehst, und dabei einige Tipps beachtest.

Tipps zum Lesen von Sachaufgaben

1. Nimm dir die Zeit und Ruhe, den Text aufmerksam und mehrmals durchzulesen.
2. Arbeite mit dem Text: Unterstreiche wichtige Angaben (auch in verschiedenen Farben) und mache dir Notizen.
3. Zeichne eine Skizze, ein Schaubild oder notiere dir die Folge der Rechenschritte.
4. Achte auf Formulierungen und Signalwörter.
5. Frage dich: „Welche Informationen habe ich nun bekommen?
   Welche sind wichtig, welche nicht?
   Welche Frage ist noch offen?"
6. Überlege, welche Rechenschritte nötig sind.
7. Vergiss den Antwortsatz nicht!

Methodenübersicht

Die folgende Tabelle zeigt dir einige hilfreiche Methoden zum Lösen von Sachaufgaben.

Rechenpläne	Mit einer Planzeichnung lassen sich viele Inhalte leichter und übersichtlicher darstellen.
Diagramme und Schaubilder	Wenn du die Einheiten und Werte der Diagramme und Schaubilder beachtest, können sie dir wichtige Infos liefern.
Signalwörter	Fast jede Sach- oder Textaufgabe enthält Signalwörter, die dir verraten, welchen Rechenweg du nehmen musst.
Pfeilbilder	Pfeilbilder helfen dir, mehrschrittige Rechnungen übersichtlich zu gestalten.

Das richtige Lesen und Lösen von Sachaufgaben

Hier ist nun eine Beispielaufgabe, an der du die auf der ersten Seite beschriebenen Tipps nachvollziehen kannst:

Beispielaufgabe

Die Klasse 6 c macht eine Klassenfahrt nach Amsterdam. Die Klasse hat 26 Schülerinnen und Schüler. Insgesamt gibt es in der Jugendherberge für die Klasse sechs Zimmer. Die Mädchen werden in drei Vierbettzimmern schlafen. Die Übernachtung in der Jugendherberge kostet für die Schülerinnen und Schüler für drei Nächte insgesamt 620 Euro.

1. **Lesen:**
   Mit deinen Markierungen und Notizen könnte der Text dann so aussehen:
   Die Klasse 6 c macht eine Klassenfahrt nach Amsterdam. Die Klasse hat 26 Schülerinnen und Schüler. ***Insgesamt*** *gibt es in der Jugendherberge für die Klasse sechs Zimmer. Die Mädchen werden in drei vollen Vierbettzimmern schlafen. Die Übernachtung in der Jugendherberge kostet für die Schülerinnen und Schüler für drei Nächte* ***insgesamt*** *620 Euro.*

2. **Fragen stellen – Mögliche Fragen können sein:**
   Wie viele Jungen und Mädchen sind in der Klasse?
   Wie viel kostet die Klassenfahrt für jeden Schüler und jede Schülerin?
   Wie viele Jungen schlafen jeweils in den übrigen Zimmern?

3. **Die Frage, die der Lehrer zu dieser Sachaufgabe gestellt hat, lautete:**
   Wie viele Jungen und wie viele Mädchen sind in der Klasse?

4. **Notiere nun alle Informationen, die du zur Beantwortung der Frage brauchst:**
   Es sind 26 Schüler insgesamt, die Mädchen in drei Vierbettzimmern (also 12 Mädchen).

5. **Überlege dir die Rechenschritte:**
   Die Gesamtzahl der Schüler minus der Zahl der Mädchen (12) ergibt die Zahl der Jungen.

6. **Rechne:**
   26 – 12 = 14

7. **Notiere den Antwortsatz:**
   Es sind 14 Jungen und 12 Mädchen in der Klasse.

Wie du siehst, hast du gar nicht alle Informationen aus dem Text gebraucht und die eigentliche Rechnung war gar nicht schwer. Lasse dich also nicht verwirren und bewahre einen kühlen Kopf!

Rechenpläne

Rechenpläne sind hilfreiche und **übersichtliche Darstellungen von Informationen als Tabelle.**

Du kannst in einem Rechenplan deine Einzelrechnungen gliedern, Zwischenergebnisse notieren, Überschlagsrechnungen durchführen und das Endergebnis ausrechnen.

Beispiel:

Ina geht in den Supermarkt und kauft für ihre Geburtstagsfeier ein. Sie kauft 30 Lollis, 5 Tüten Chips, 3 Tüten Erdnussflips.

Wie viel muss Ina insgesamt bezahlen?

Dein Vorgehen:

Die Formulierung „insgesamt“ verrät dir, dass du Dinge zusammenzählen musst, um auf die Lösung zu kommen.
Die vielen unterschiedlichen Informationen kannst du in einem Rechenplan darstellen, der so aussehen könnte:

30 Lollis 10 Stück 1,75 €	5 Tüten Chips je Tüte 1,20 €	3 Tüten Erdnussflips 3 Stück 3,00 €
30 : 10 = 3 3 · 1,75 € = 5,25 €	5 · 1,20 € = 6,00 €	3,00 €

Insgesamt: 5,25 € + 6,00 € + 3,00 € = 14,25 €

Rechenpläne

Sachaufgaben

Aufgabe
Vervollständige den Rechenplan und löse die Aufgabe.

Mutter hat eingekauft. Sie hat drei verschiedene Sorten Obstsaft gekauft und dafür insgesamt 24,50 € bezahlt.
Fünf Flaschen Apfelsaft kosteten zusammen 6,50 €, sechs Flaschen Orangensaft kosteten jeweils 1,20 € und für den Rest kaufte sie vier Flaschen Traubensaft.
Wie teuer war der Traubensaft pro Flasche?

5 Apfelsaft	6 Orangensaft	4 Traubensaft
6,50 €	6 • 1,20 € =	

Insgesamt: 24,50 €

Antwort: ....

....

....

© stockphoto-graf – Fotolia.com

Rechenpläne

Sachaufgaben

Aufgabe

Vervollständige den Rechenplan und löse die Aufgabe.

Mutter hat eingekauft. Sie hat drei verschiedene Sorten Obstsaft gekauft und dafür insgesamt 24,50 € bezahlt.
Fünf Flaschen Apfelsaft kosteten zusammen 6,50 €, sechs Flaschen Orangensaft kosteten jeweils 1,20 € und für den Rest kaufte sie vier Flaschen Traubensaft.
Wie teuer war der Traubensaft pro Flasche?

5 Apfelsaft	6 Orangensaft	4 Traubensaft
6,50 €	6 · 1,20 € = 7,20 €	6,50 € + 7,20 € = 13,70 € 24,50 € – 13,70 € = 10,80 € 10,80 € : 4 = 2,70 €

Insgesamt: 24,50 €

Antwort: Der Traubensaft kostete 2,70 € pro Flasche.

© stockphoto-graf – Fotolia.com

Signalwörter

Sachaufgaben sind Rechenaufgaben, die als kleine Geschichten angeboten werden. Du findest dort keine Rechenzeichen (+, –, •, :), sondern **Signalwörter**, die dir helfen, zu verstehen, wie du die Aufgabe lösen kannst. Hast du dir einmal angewöhnt, auf solche Signalwörter zu achten, sind die meisten Sachaufgaben plötzlich gar nicht mehr so schwer.

Übersicht über häufige Signalwörter

Multiplikation	Zahlwörter mit „-mal“: *3-mal, 4-mal, 5-mal;* außerdem: *jede, jeder, jedes, pro*
Division	*aufteilen, verteilen, Teile, durchschnittlich*
Addition	*hinzufügen, zusätzlich, insgesamt, zusammen, gesamt*
Subtraktion	*noch … übrig, reduzieren, weniger, ausgeben, wegnehmen*

Beispiele:

Multiplikation: *Marian wiegt 25 kg. Sein Vater wiegt 3-mal so viel. Wie viel wiegt Marians Vater?*

Rechnung: 3 • 25 kg = 75 kg
Antwort: Marians Vater wiegt 75 kg.

Division: *4 800 kg Steine werden gleichmäßig auf vier Lkws verteilt. Wie viel Kilo werden auf einen Lkw verladen?*

Rechnung: 4800 kg : 4 = 1200 kg
Antwort: Auf jeden Lkw werden 1200 kg Steine verladen.

Addition: *Frau Meier hat 5 867 Euro gespart. Im Juni zahlt sie 1 200 Euro auf das Sparbuch und möchte nun Folgendes wissen: Wie viel Geld hat sie insgesamt gespart?*

Rechnung: 5867 + 1200 = 7067 Euro
Antwort: Frau Meier hat 7067 Euro gespart.

Subtraktion: *In der Klassenkasse der 8 c waren im April 765 Euro. Nach der Klassenfahrt sind es 698 Euro weniger. Wie viel Geld ist jetzt noch in der Kasse?*

Rechnung: 765 – 698 = 67 Euro
Antwort: Es sind noch 67 Euro in der Klassenkasse.

Signalwörter

Aufgaben

Löse die Sachaufgaben, indem du den Text sorgfältig liest, die Signalwörter markierst, dir die richtigen Rechenschritte überlegst und dann erst ausrechnest. Vergiss den Antwortsatz nicht!

1. Familie Blümel fährt an die Nordsee. Herr und Frau Blümel nehmen in diesem Jahr Oma Blümel mit und wie immer sind die Kinder Jan und Meike dabei. Der Dackel Klara darf auch nicht fehlen. Sie haben ein Ferienhaus gemietet. Es kostet für jeden Erwachsenen 25 € pro Nacht, für jedes Kind 15 € und für Haustiere 5 € pro Nacht. Für die Endreinigung des Hauses müssen sie einmalig 45 € bezahlen. Familie Blümel möchte 6 Nächte bleiben. Wie viel müssen sie insgesamt bezahlen?

   Rechnung:

   Antwort: ....

   ....

   ....

2. Das Ehepaar Nowak hat sich einen Hundewelpen gekauft. Die kleine Frida ist ein Berner Sennenhund. Sie ist jetzt 10 Wochen alt und wiegt bereits 10 kg. Wenn sie 12 Monate alt und damit ausgewachsen ist, soll sie 52 kg wiegen. Wie viel Kilogramm wird sie durchschnittlich pro Woche zunehmen?

   Rechnung:

   Antwort: ....

   ....

   ....

Signalwörter

Aufgaben

Löse die Sachaufgaben, indem du den Text sorgfältig liest, die Signalwörter markierst, dir die richtigen Rechenschritte überlegst und dann erst ausrechnest.
Vergiss den Antwortsatz nicht!

1. *Familie Blümel fährt an die Nordsee. Herr und Frau Blümel nehmen in diesem Jahr Oma Blümel mit und wie immer sind die Kinder Jan und Meike dabei. Der Dackel Klara darf auch nicht fehlen. Sie haben ein Ferienhaus gemietet. Es kostet für jeden Erwachsenen 25 € pro Nacht, für jedes Kind 15 € und für Haustiere 5 € pro Nacht. Für die Endreinigung des Hauses müssen sie einmalig 45 € bezahlen. Familie Blümel möchte 6 Nächte bleiben. Wie viel müssen sie insgesamt bezahlen?*

<u>Rechnung:</u> 3 Erwachsene: 3 · 25 € = 75 €; 2 Kinder: 2 · 15 € = 30 €; Dackel Klara: 5 €
75 + 30 + 5 = 110 € pro Nacht
6 Nächte: 6 · 110 € = 660 €
Plus Endreinigung: 660 € + 45 € = 705 €

<u>Antwort:</u> *Sie müssen 705 Euro bezahlen.*

2. *Das Ehepaar Nowak hat sich einen Hundewelpen gekauft. Die kleine Frida ist ein Berner Sennenhund. Sie ist jetzt 10 Wochen alt und wiegt bereits 10 kg. Wenn sie 12 Monate alt und damit ausgewachsen ist, soll sie 52 kg wiegen. Wie viel Kilogramm wird sie durchschnittlich pro Woche zunehmen?*

<u>Rechnung:</u> 12 Monate entsprechen 52 Wochen. 10 Wochen ist Frida bereits alt.
Bleiben 52 – 10 = 42 Wochen. 10 kg wiegt Frida, 52 kg wird sie wiegen:
52 – 10 = 42 kg. In 42 Wochen nimmt Frida also 42 kg zu: 42 : 42 = 1 kg pro Woche.

<u>Antwort:</u> *Frida wird durchschnittlich 1 kg pro Woche zunehmen.*

Rechengeschichten

Anmerkung

Mithilfe von kleinen Kriminalgeschichten, die Mathematikaufgaben enthalten, lässt sich eine Übungsstunde hervorragend auflockern. Das logische Denken wird geschult, die Mathematik erhält einen praktischen und (im Idealfall) unterhaltsamen Bezug. Wichtig: Im Vordergrund stehen das Rätseln und das selbstständige Erschließen von Lösungswegen, nicht das Rechnen von hochkomplexen Rechenschritten.

Material

pro Schüler oder pro Gruppe eine Kopie des **Übungsblattes „Rechengeschichten"** (S. 97–98), ein Stift und idealerweise ein Textmarker

Dauer

20–30 Minuten

Ziel

selbstständiges Erschließen von Rechenaufgaben

So geht's

1. Die Schüler arbeiten einzeln oder in Gruppen und haben das Übungsblatt vor sich.
2. Die Schüler erhalten eine Zeitvorgabe (15–20 Minuten) und sollen in dieser Zeit die Geschichte lesen, wichtige Angaben und Signalwörter markieren und das Rätsel lösen.
3. Am Ende vergleichen alle Schüler mithilfe des **Lösungsblattes „Rechengeschichten"** (S. 99) die Ergebnisse.

Varianten

Variante 1: Je nach Temperament der Lerngruppe können die Geschichten in kleinen Gruppen von maximal drei bis vier Schülern bearbeitet werden.

Variante 2: Sollten die Schüler großen Spaß an diesen kleinen Geschichten finden, könnten sie sich auch selber eine Geschichte ausdenken, die andere Lerngruppen dann lösen müssen.

Rechengeschichten

Die gestohlenen Goldstücke

Svens Vater ist Kommissar bei der Kriminalpolizei. Er wird meistens gerufen, um knifflige Diebstähle aufzuklären, denn das kann er richtig gut. Sven ist sehr stolz auf seinen Vater und erzählt in der Schule oft von ihm. Letzte Nacht hatte auch wieder das Diensthandy seines Vaters geklingelt. Schlaftrunken war Sven in den Flur gewankt und hatte seinen Vater gefragt, was er ihn jedes Mal fragte, wenn er zum Einsatz gerufen wurde: „Papa, darf ich mitkommen?"

Denn Sven wollte auf jeden Fall auch Polizist werden. Da gab es gar keinen Zweifel.

Doch sein Vater hatte geantwortet, was er immer antwortete, wenn Sven diese Frage stellte: „Nein, Sven. Du weißt doch, es kann gefährlich werden. Ich will nicht, dass dir etwas passiert."

So war Sven wieder zurück ins Bett gekrochen und ziemlich schnell wieder eingeschlafen.

Sein Vater fuhr inzwischen durch Hildens dunkle Straßen. Meisengasse 11a, dort drüben musste es sein. Ein Mann hatte die Polizei angerufen, weil bei ihm eingebrochen worden sein soll.

Svens Vater hielt vor einer großen Villa sein Auto an. Ein hoher Zaun umgab ein riesiges Grundstück.

Das Tor zur Einfahrt des Hauses stand halb offen und sämtliche Fenster der Villa waren hell erleuchtet.

Er ging durch das halboffene Tor und wanderte hoch zum Haus. Auch die Haustür stand offen und er sah zwei seiner Kolleginnen in Uniform im Flur des Hauses stehen.

Sie lauschten einer Männerstimme, die sehr aufgeregt etwas erzählte.

Svens Vater klopft an die Tür und räusperte sich. „Ähm, Entschuldigung", sagte er und stieß die Tür weiter auf. „Hier wurde eingebrochen, ist das richtig?"

Die Kolleginnen wandten sich ihm zu. Erleichterung erschien auf ihren Gesichtern.

„Richtig", sagte die größere der beiden.

„Hier ..."

„Es ist ein Skandal!", rief ein kleiner, dicker Mann im Bademantel. „Ein waschechter Skandal!" Er fuchtelte wild mit den Händen in der Luft herum und war ganz rot im Gesicht.

„Man hat mich bestohlen! Mich! Das muss man sich mal vorstellen!" Er wurde immer lauter und aufgeregter. „Und Ihre Kolleginnen hier haben nichts anderes zu tun, als mir Fragen zu stellen! Die Diebe sind inzwischen doch über alle Berge! Es ist ..."

„Nun beruhigen Sie sich erst mal", meinte Svens Vater. „Ich bin Kommissar Schnell und Experte für Einbruchdiebstähle."

Der Mann war verstummt und betrachtete den Kommissar argwöhnisch.

„Die Kolleginnen haben sich ganz richtig verhalten. Wir müssen so viel wie möglich erfahren, um die Täter schnell fassen zu können. Was ist denn gestohlen worden?"

Der Mann lief wieder rot an und rang nach Luft. „Es ist ein Skandal!", rief er wieder. „Ein Skandal! Es hat schon meinem Urgroßvater gehört und jetzt ist es in den Händen von Verbrechern!"

Rechengeschichten

Svens Vater bemühte sich, ruhig zu bleiben. „Was denn, Herr …". Er wusste noch gar nicht, wie der eigenartige Mann hieß.
„Herr Tomasek", berichtete seine Kollegin. Svens Vater nickte dankbar. „Herr Tomasek, was ist denn gestohlen worden?"
„Mein Gold, das ist doch klar", rief der kleine Mann empört. „Kommen Sie, ich zeige es Ihnen." Er hüpfte eine Treppe hinunter in einen kleinen Raum, in dem ein großer Tresor stand. Oder vielmehr das, was davon übrig war. Denn die Diebe hatten offensichtlich die Tür aufgesprengt.
„Das muss aber ganz schön laut gewesen sein", meinte Kommissar Schnell.
„Und wie! Ich dachte, die Welt geht unter!", nickte Herr Tomasek. Er zeigte auf 13 Truhen, die leer im Raum herumstanden. „Die waren alle im Tresor. Es sind Originaltruhen, 200 Jahre alt. Jede Truhe enthielt 10 Kisten und jede Kiste 10 Säcke. Jeder Sack enthielt 9 Beutel mit 9 Goldstücken. Es ist ein unschätzbarer Verlust."

Kommissar Schnell war etwas verwirrt. „Wie viele Goldstücke sind Ihnen denn jetzt gestohlen worden?"
Herr Tomasek wurde wieder ganz rot.
„110 000 Goldstücke. Können Sie sich das vorstellen? Es ist ein Skandal!"
„Soso", machte Kommissar Schnell. „Bevor ich die Diebe jage, müssen Sie mir aber erst mal die Wahrheit sagen", meinte er. „Sie haben mich nämlich angelogen."

Stimmt das? Hat Herr Tomasek gelogen? Und wenn ja, wie?

Rechengeschichten

<u>Rechnung:</u>
13 Truhen zu je 10 Kisten – 13 • 10 – 130 Kisten
130 Kisten zu je 10 Säcken = 130 • 10 = 1 300 Säcke
1 300 Säcke zu je 9 Beuteln = 1 300 • 9 = 11 700 Beutel
11 700 Beutel zu je 9 Goldstücken = 105 300 Goldstücke

<u>Lösung:</u>
Er hat die Anzahl der Goldstücke übertrieben. In Wahrheit waren es nur 105 300.

Rechenregeln beachten

Material pro Schüler oder pro Gruppe Kopien des **Übungsblattes „Rechenregeln beachten"** (S. 101 – 102) und ein Stift

Dauer 15–20 Minuten

Ziel Verstehen und Üben von Rechenregeln und Rechenvorteilen

So geht's

1. Jeder Schüler oder jede Gruppe hat das Übungsblatt vor sich.
2. Die Beispiele werden mit den Schülern besprochen.
3. Nach jedem Beispiel sollen die Schüler die entsprechenden Beispielaufgaben selbstständig berechnen und erhalten die Gelegenheit, noch einmal nachzufragen, wenn sie etwas nicht verstanden haben.
4. Es sollte erst zum nächsten Beispiel übergegangen werden, wenn die Schüler einen Schritt verstanden haben.
5. Am Ende vergleichen alle Schüler mithilfe des **Lösungsblattes „Rechenregeln beachten"** (S. 103) die Ergebnisse.

Rechenregeln beachten

Aufgabe
Lies die folgenden Regeln und Beispielaufgaben gemeinsam mit deinem Lehrer und deiner Lerngruppe durch und rechne dann allein die Aufgaben. Hast du alles verstanden? Prima! Wenn nicht, frage nach und übe an weiteren Beispielen, bevor du das nächste Beispiel anschaust.

Regel 1: Punkt vor Strich, so gehört es sich.

Erklärung:

- Zur Punktrechnung gehören Mal- und Geteiltaufgaben (Multiplikation und Division).
- Zur Strichrechnung gehören Plus- und Minusaufgaben (Addition und Subtraktion).

Es ist wichtig, in Aufgaben mit mehreren Rechenschritten an diese erste Regel zu denken. Tust du es nicht, erhältst du falsche Ergebnisse:
$3 + 6 \cdot 5 = 33$ (und nicht: 45!)

Rechne in kleinen Schritten:
$3 + 6 \cdot 5 = 3 + 30 = 33$

Beispielaufgaben zum selbstständigen Lösen:
1. $4 + 20 : 5 =$
2. $63 - 8 \cdot 4 =$
3. $9 \cdot 9 - 72 : 8 =$

Hast du alles verstanden? Super! Dann schaue dir nun die zweite Regel auf der zweiten Seite an.

Regel 2: Jetzt kommt der Hammer: zuerst die Klammer.

Erklärung:
Wenn du längere Aufgaben mit verschiedenen Rechenschritten lösen musst, siehst du oft Klammern. Sie haben den Zweck, Rechenschritte zusammenzufassen, die zusammengehören und zuerst gerechnet werden müssen, sonst stimmt das Ergebnis nicht. In der Klammer gilt auch wieder: Punkt vor Strich, so gehört es sich.

Folgen mehrere Punkt- oder Strichrechnungen ohne Klammer aufeinander, rechnest du der Reihe nach.

Beispiel:
$3 + 4 + 6 \cdot 2 = 7 + 12 = 19$

Vorsicht: Beachtest du die Regeln nicht, erhältst du vielleicht:
$3 + 4 + 6 \cdot 2 = 3 + 10 \cdot 2 = 23$ (also eine falsche Lösung)

Beispielaufgaben zum selbstständigen Lösen:

1. $(4 + 3) \cdot (30 : 5) =$

2. $4 + 3 \cdot (30 : 5) =$

3. $(4 + 3) \cdot 30 : 5 =$

Worauf musstest du bei der dritten Aufgabe achten?

....

....

....

....

Hast du alles verstanden? Prima!

Abb. Kopfzeile: © Verlag an der Ruhr | ISBN 978-3-8346-3059-9 | www.verlagruhr.de

Rechenregeln beachten

Beispielaufgaben zum selbstständigen Lösen 1:

1. $4 + 20 : 5 = 4 + 4 = 8$
2. $63 - 8 \cdot 4 = 63 - 32 = 31$
3. $9 \cdot 9 - 72 : 8 = 81 - 9 = 72$

Beispielaufgaben zum selbstständigen Lösen 2:

1. $(4 + 3) \cdot (30 : 5) = 7 \cdot 6 = 42$
2. $4 + 3 \cdot (30 : 5) = 4 + 3 \cdot 6 = 4 + 18 = 22$
3. $(4 + 3) \cdot 30 : 5 = 7 \cdot 30 : 5 = 210 : 5 = 42$

Worauf musstest du bei der dritten Aufgabe achten?
➜ Zuerst die Klammer, dann die Punktrechnungen der Reihe nach rechnen.

Rechnen mit Maßeinheiten

Anmerkung

Das Rechnen mit Maßeinheiten ist für viele rechenschwache Schüler eine große Herausforderung. Das liegt auch an den Kommazahlen, die in diesem Bereich häufig sind, aber vor allem am fehlenden Verständnis für Größen und Mengen und deren konkrete Umsetzung in Zahlen. Hier erfordert es viel Geduld von der Lehrkraft und den Willen, Maßeinheiten so oft und so lange wie möglich an Beispielen zu demonstrieren. Auf den folgenden Seiten erhalten Sie für verschiedene Maßeinheiten Beispiele und Übungen, die diesen Bereich für die Schüler weniger abstrakt wirken lassen werden: Sie finden Übungen zu **Längen, großen Größen, gemischten Aufgaben** sowie zu **Zeitspanne und Zeitpunkt**. Für alle Bereiche gilt die unten stehende Anleitung.

Material

- pro Schüler eine Kopie des entsprechenden **Übungsblattes „Längen"** (S. 105–107), **„Große Größen"** (S. 109), **„Gemischte Aufgaben"** (S. 111) oder **„Zeitspanne und Zeitpunkt"** (S. 114), ein Stift sowie Zusatzmaterialien (Lineale, Messbecher, Waagen)
- ggf. pro Schüler eine Kopie des **Infoblattes „Zeitspanne und Zeitpunkt"** (S. 113)

Dauer

15–20 Minuten

Ziel

Verstehen und Üben des Rechnens mit Maßeinheiten

Vorbereitung

Die entsprechenden Zusatzmaterialien (Lineale, Messbecher, Waagen) müssen bereitgestellt werden.

So geht's

1. Die Übungsblätter werden ausgeteilt und die Beispiele mit den Schülern besprochen.
2. Die Aufgaben werden mithilfe der Zusatzmaterialien gelöst. Nach jedem Beispiel sollen die Schüler die entsprechenden Beispielaufgaben selbstständig rechnen und erhalten die Gelegenheit, noch einmal nachzufragen, wenn sie etwas nicht verstanden haben.
3. Es sollte erst zum nächsten Beispiel übergegangen werden, wenn die Schüler einen Schritt verstanden haben. Für das Thema „Zeitspanne und Zeitpunkt" teilen Sie zusätzlich das Infoblatt aus.
4. Am Ende vergleichen alle Schüler mithilfe des entsprechenden **Lösungsblattes „Längen"** (S. 108), **„Große Größen"** (S. 110), **„Gemischte Aufgaben"** (S. 112) oder **„Zeitspanne und Zeitpunkt"** (S. 115) die Ergebnisse.

Rechnen mit Maßeinheiten – Längen

Beispiel

Überprüfe die Maße am Lineal, indem du die Millimeter abzählst:

Hunderter	Zehner	Einer	Ergebnis
	7	6	76 mm = 7 cm 6 mm = 7,6 cm
	9	8	98 mm = 9 cm 8 mm = 9,8 cm
1	5	2	152 mm = 15 cm 2 mm = 15,2 cm

Aufgabe

1. Lies die Maße in Millimetern am Lineal ab und trage die Maße, wie im Beispiel, mit Komma in Zentimetern ein.

Hunderter	Zehner	Einer	Ergebnis
	5	4	
1	3	1	
1	9	7	

Rechnen mit Maßeinheiten – Längen

Aufgabe

2. Messt an einer Wand in eurem Klassenraum eine Strecke von zwei Metern ab. Klebt einen Papierstreifen an die Wand und zeichnet dort möglichst exakt ein Lineal mit Zentimetereinteilung auf. Löst dann die folgenden Aufgaben und lest die Ergebnisse an eurem Wandlineal ab.

Hunderter	Zehner	Einer	Ergebnis
	5	9	**59 cm = 0,59 m**
1	3	4	**134 cm = 1,34 m**
1	7	9	**179 cm = 1,79 m**
1	4	9	**149 cm = 1,49 m**

Tragt nun in der Tabelle die folgenden Maße wie oben ein:
34 cm; 99 cm; 167 cm; 1,78 m; 17 cm; 1,50 m

Hunderter	Zehner	Einer	Ergebnis

Abb. Kopfzeile: © Verlag an der Ruhr | ISBN 978-3-8346-3059-9 | www.verlagruhr.de

Rechnen mit Maßeinheiten – Längen

Aufgabe

3. Rechnet die Aufgaben, indem ihr vorgeht wie in den Beispielen A und B. Legt euch dazu eine eigene Stellenwerttabelle an. Überprüft eure Ergebnisse am Lineal.

a) 99 cm + 34 cm
b) 1,56 m + 23 cm
c) 1,99 m – 1,88 m
d) 1,87 m – 24 cm

e) 23 cm + 48 cm
f) 1,11 m + 78 cm
g) 1,45 m – 86 cm
h) 1,23 m – 1,02 m

Beispiel A: 37 cm + 64 cm

	Hunderter	Zehner	Einer
		3	7
+		6	4
=	**1**	**0**	**1**

Ergebnis: 101 cm = 1,01 m

Beispiel B: 1,26 m – 45 cm

	Hunderter	Zehner	Einer
	1	2	6
–		4	5
=		**8**	**1**

Ergebnis: 81 cm = 0,81 m

Tipp: Denke an den Übertrag beim schriftlichen Addieren und Subtrahieren!

Abb. Kopfzeile: © Verlag an der Ruhr | ISBN 978-3-8346-3059-9 | www.verlagruhr.de

Aufgabe 1

Hunderter	Zehner	Einer	Ergebnis
	5	4	**54 mm =** **5 cm 4 mm = 5,4 cm**
1	3	1	**131 mm =** **13 cm 1 mm = 13,1 cm**
1	9	7	**197 mm =** **19 cm 7 mm = 19,7 cm**

Aufgabe 2

Hunderter	Zehner	Einer	Ergebnis
	3	4	34 cm = 0,34 m
	9	9	99 cm = 0,99 m
1	6	7	167 cm = 1,67 m
1	7	8	178 cm = 1,78 m
	1	7	17 cm = 0,17 m
1	5	0	150 cm = 1,50 m

Aufgabe 3

a) 99 cm + 34 cm = 133 cm = 1,33 m
b) 1,56 m + 23 cm = 179 cm = 1,79 m
c) 1,99 m – 1,88 m = 11 cm = 0,11 m
d) 1,87 m – 24 cm = 163 cm = 1,63 m
e) 23 cm + 48 cm = 71 cm = 0,71 m
f) 1,11 m + 78 cm = 189 cm = 1,89 m
g) 1,45 m – 86 cm = 59 cm = 0,59 m
h) 1,23 m – 1,02 m = 21 cm = 0,21 m

Rechnen mit Maßeinheiten – Große Größen

Aufgabe

Lege dir, wie in den Beispielen, eine Wertetabelle an, trage die Maße dort ein und rechne folgendermaßen um: g → kg, cm → m, m → km. Vergiss das Komma nicht!

a) 1 567 g
b) 2 349 m
c) 9 545 g
d) 989 cm
e) 467 g
f) 98 cm
g) 2 g
h) 12 cm
i) 10 678 g
j) 24 678 m
k) 234 g
l) 9 cm

Beispiel A: 1 121 m = 1,121 km

Tausender	Hunderter	Zehner	Einer
1	1	2	1

Beispiel B: 1 234 g = 1,234 kg

Tausender	Hunderter	Zehner	Einer
1	2	3	4

Infobox

Kilo kommt aus dem Altgriechischen und bedeutet „Tausend". Große Maßeinheiten für Längen und Gewicht haben daher den Zusatz „Kilo": *Kilometer* und *Kilogramm*. Sie bestehen aus jeweils 1 000 Zentimetern bzw. 1 000 Gramm.

Abb. Kopfzeile: © Verlag an der Ruhr | ISBN 978-3-8346-3059-9 | www.verlagruhr.de

Rechnen mit Maßeinheiten – Große Größen

Wertetabelle

	T	H	Z	E	
a)	1	5	6	7	1,567 kg
b)	2	3	4	9	2,349 km
c)	9	5	4	5	9,545 kg
d)	0	9	8	9	9,89 m
e)	0	4	6	7	0,467 kg
f)	0	0	9	8	0,98 m
g)	0	0	0	2	0,002 kg
h)	0	0	1	2	0,12 m
i)	10	6	7	8	10,678 kg
j)	24	6	7	8	24,678 km
k)	0	2	3	4	0,234 kg
l)	0	0	0	9	0,09 m

Rechnen mit Maßeinheiten – Gemischte Aufgaben

Infobox

Größen bestehen immer aus **Maßzahlen** und **Maßeinheiten:**

Maßzahl ← 15 m → Maßeinheit

Die am häufigsten verwendeten **Einheiten** sind:

- Hohlmaße: **Hektoliter (hl), Liter (l), Milliliter (ml)** → 1 hl = 100 l = 100 000 ml
- Geld: **Euro (€), Cent (ct)** → 100 ct = 1 €
- Längen: **Kilometer (km), Meter (m), Dezimeter (dm), Zentimeter (cm), Millimeter (mm)** → 1 km = 1 000 m = 10 000 dm = 100 000 cm = 1 000 000 mm
- Gewichte: **Tonne (t), Kilogramm (kg), Gramm (g)** → 1 t = 1 000 kg = 1 000 000 g

Aufgabe

Rechne die folgenden Aufgaben. Wenn es dir hilft, lege dir eine Wertetabelle bis 1 000 an. Wandle das Ergebnis in die größere Einheit um.

1. 34 cm + 5 dm
2. 2 g + 1, 5 kg
3. 1,45 € + 2,99 €
4. 33 mm + 2,45 m
5. 1,99 km + 125 m
6. 5,4 l + 299 ml
7. 10,67 € + 99 ct
8. 19 m + 65 dm
9. 0,98 € + 64 ct
10. 1,56 kg + 500 g
11. 1,8 t – 500 kg
12. 12,30 € – 999 ct
13. 10,76 km – 1045 m
14. 986 l – 0,56 hl
15. 78 dm – 5,23 m
16. 765 ct – 5,99 €
17. 19,8 m – 4,2 dm
18. 9,99 € – 898 ct
19. 145 cm – 4,5 dm
20. 2 430 kg – 1,23 t

Tipp:
Bevor du anfängst zu rechnen, denke daran, die Größen in die gleiche Einheit umzuwandeln.

Rechnen mit Maßeinheiten – Gemischte Aufgaben

Komplexere Rechenoperationen

1. 34 cm + 5 dm = 34 cm + 50 cm = 84 cm = **8,4 dm**
2. 2 g + 1,5 kg = 2 g + 1 500 g = 1 502 g = **1,502 kg**
3. 1,45 € + 2,99 € = **4,44 €**
4. 33 mm + 2,45 m = 33 mm + 2 450 mm = 2 483 mm = **2,483 m**
5. 1,99 km + 125 m = 199 m + 125 m = 324 m = **0,324 km**
6. 5,4 l + 299 ml = 5 400 ml + 299 ml = 5 699 ml = **5,699 l**
7. 10,67 € + 99 ct = 1 067 ct + 99 ct = 1 166 ct = **11,66 €**
8. 19 m + 65 dm = 190 dm + 65 dm = 255 dm = **25,5 m**
9. 0,98 € + 64 ct = 98 ct + 64 ct = 162 ct = **1,62 €**
10. 1,56 kg + 500 g = 1 560 g + 500 g = 2 060 g = **2,06 kg**
11. 1,8 t – 500 kg = 1 800 kg – 500 kg = 1 300 kg = **1,3 t**
12. 12,30 € – 999 ct = 1 230 ct – 999 ct = 231 ct = **2,31 €**
13. 10,76 km – 1 045 m = 1 076 m – 1 045 m = 31 m = **0,031 km**
14. 986 l – 0,56 hl = 986 l – 56 l = 930 l = **0,93 hl**
15. 78 dm – 5,23 m = 780 cm – 523 cm = 257 cm = **2,57 m**
16. 765 ct – 5,99 € = 765 ct – 599 ct = 166 ct = **1,66 €**
17. 19,8 m – 4,2 dm = 1 980 cm – 42 cm = 1 938 cm = **19,38 m**
18. 9,99 € – 898 ct = 999 ct – 898 ct = 101 ct = **1,01 €**
19. 145 cm – 4,5 dm = 145 cm – 45 cm = 100 cm = **10 dm**
20. 2 430 kg – 1,23 t = 2 430 kg – 1 230 kg = 1 200 kg = **1,2 t**

 | ISBN 978-3-8346-3059-9 | www.verlagruhr.de

Rechnen mit Maßeinheiten – Zeitspanne und Zeitpunkt

Infobox

Dein Unterricht beginnt **um 7:45 Uhr**, dein Fußballtraining **um 18:00 Uhr.** Das sind die **Zeitpunkte**, zu denen etwas stattfindet und zu denen du pünktlich erscheinen solltest.
Dein Unterricht dauert heute **von 7:45 Uhr bis 13:10 Uhr**, also 5 Stunden und 25 Minuten. Dein Fußballtraining dauert **von 18:00 Uhr bis 19:30 Uhr**, also 90 Minuten oder 1,5 Stunden. Das sind die **Zeitspannen**, während derer du etwas tust, oder auch die Zeit, die einfach vergeht. Auch das Leben ist eine Zeitspanne: Wie lange sie dauert, können wir nicht vorhersagen.
Früher kannten die Menschen andere Zeitspannen: Der Arbeitstag dauerte von Sonnenaufgang bis Sonnenuntergang und war im Winter daher kürzer, im Sommer dafür oft sehr lang. Die Zeitspannen, nach denen die Menschen ihr Leben einteilten, waren dann auch unterschiedlich:
Je näher du dem Äquator kommst, desto kürzer sind die Tage auch im Sommer. An den Polen wird es teilweise gar nicht hell oder dunkel. Das hängt mit dem Stand der Sonne zusammen und ist keine zuverlässige Zeitmessung.
Daher einigten sich die Menschen auf **Einheiten**, um die Zeit zu messen: **Jahre, Monate, Tage, Stunden, Minuten, Sekunden.**
In Zahlen sehen die Einheiten so aus:

- 1 Jahr (a) = 365 Tage (a steht für lat. *annus* = Jahr)
- 1 Tag (d) = 24 Stunden (d steht für lat. *dies* = Tag)
- 1 Stunde (h) = 60 Minuten (h steht für lat. *hora* = Stunde)
- 1 Minute (min) = 60 Sekunden (s) (min kommt von lat. *pars minuta prima* = der erste verminderte Teil; s kommt von lat. *pars minuta secunda* = der zum zweiten Mal verminderte Teil)

Merke dir: 30 min = ½ h; 45 min = ¾ h; 15 min = ¼ h

Rechnen mit Maßeinheiten – Zeitspanne und Zeitpunkt

Komplexere Rechenoperationen

Aufgaben

1. Ordne die folgenden Vorgänge den passenden Zeitspannen zu:

Zähneputzen | *Zwinkern* | *5 km wandern* | *Spaghetti kochen* | *Sommerferien*

1 s | *8 min* | *3 min* | *45 d* | *1 h*

2. Notiere deinen typischen Tagesablauf, den du z. B. immer mittwochs hast, mit Uhrzeiten. Rechne dann die Zeitspannen aus, die du mit den einzelnen Tätigkeiten verbringst (notiere wirklich 24 Stunden, also auch die Zeit, die du schläfst). Du kannst deinen Ablauf mit dem deiner Klassenkameraden vergleichen: Wo liegen Ähnlichkeiten, wo Unterschiede? Könntest du deine Zeit sinnvoller verbringen?

3. Sortiere die Angaben von klein nach groß:
½ Jahr; 2 s; 4 d; 345 d; 35 min; 240 s; 48 h

4. Richtig oder falsch? Kreuze die richtigen Aussagen an.

❑ 30 s = 1 min ❑ 36 h = 2 d

❑ 260 min = 4 ½ h ❑ 180 s = 3 min

❑ ½ h = 30 min ❑ 2 d 4 h = 51 h

Rechnen mit Maßeinheiten – Zeitspanne und Zeitpunkt

Komplexere Rechenoperationen

1. Ordne die folgenden Vorgänge den passenden Zeitspannen zu:
   - Zähneputzen: 3 min
   - Zwinkern: 1 s
   - 5 km wandern: 1 h
   - Spaghetti kochen: 8 min
   - Sommerferien: 45 d

2. Individuelle Lösung

3. Sortiere die Angaben von klein nach groß:
   2 s; 35 min; 240 s; 48 h; 4 d; ½ Jahr; 345 d

4. Richtig oder falsch? Kreuze die richtigen Aussagen an.

☐ 30 s = 1 min	☐ 36 h = 2 d
☐ 260 min = 4 ½ h	☒ 180 s = 3 min
☒ ½ h = 30 min	☐ 2 d 4 h = 51 h

© dimedrol68 – Fotolia.com